新闻出版总署社会主义核心价值体系
建设“双百”出版工程重点出版物

国家出版基金项目

杰出青少年构建内心世界的5个坐标

让青少年迅速成熟·教师突破教育困惑·父母分享成长快乐

李齐　著

图书在版编目（CIP）数据

杰出青少年构建内心世界的5个坐标 / 李齐著.
—北京：中国青年出版社，2013.3
ISBN 978-7-5153-1495-2
Ⅰ.①杰… Ⅱ.①李… Ⅲ.①青少年—心理健康—健康教育 Ⅳ.①G479
中国版本图书馆CIP数据核字（2013）第052074号

杰出青少年构建内心世界的5个坐标

作　　者：李　齐
责任编辑：周　红
美术编辑：夏　蕊
设　　计：尚书坊
插 画 者：李魁文
排版制作：新立风格+ 李俊红
出　　版：中国青年出版社
发　　行：北京中青文文化传媒有限公司
电　　话：010-65511270/65516873
公司网址：www.cyb.com.cn
购书网址：zqwts.tmall.com　www.diyijie.com
制　　作：中青文制作中心
印　　刷：北京中科印刷有限公司
版　　次：2013年3月第1版
印　　次：2014年1月第2次印刷
开　　本：880×1230　1/16
字　　数：250千字
印　　张：18.5
书　　号：ISBN 978-7-5153-1495-2
定　　价：59.00元

目录 Contents

坐标一　设定目标　053

伟大的目标构成伟大的心

第 4 章

坐标二　管理准则　095

自我管理和领导力培养是实现目标的基石

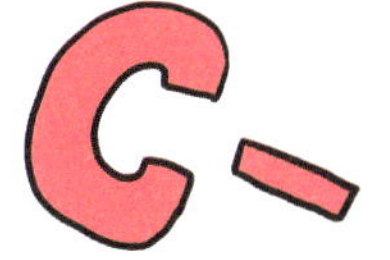

D+

如何使用本书

欢迎，欢迎！每一个拿起这本书的青少年都在走向杰出青少年的路上迈出了很大的一步，也会在训练自己成为杰出青少年的路上开始切实的实践。

恭喜你开始思考自己，开始阅读如何成为杰出青少年，并对自己进行训练，实施训练计划。

这是为你写的书，给你提供培养杰出青少年构建内心世界5个坐标的方法的精英版本。

从阅读本书内容开始，你可以了解杰出青少年该拥有哪些价值观来改变自己的生活，当然，通过阅读，如果想要改变自己的生活，培养自己的习惯和品质，你可以从每章后面的“幼童学步”开始，尝试刚刚学到的。照着做，你将获益匪浅。

幼 童 学 步

接下来的一步是你自己的训练计划。每章末尾都有“我的训练计划”部分，这是你自己独特的训练计划，你可以依据自己的实际情况进行填写，并努力实践。当然，这个训练计划不必与别人相同，因为，这是你自己的训练计划。

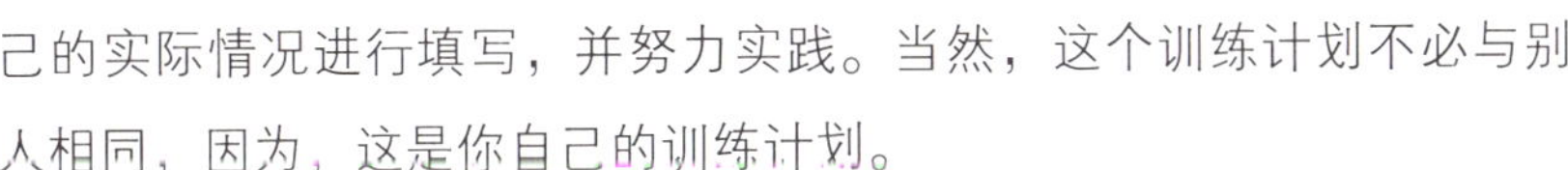

相信你会通过阅读本书真正了解杰出青少年具有哪些价值观，并反思自己，然后实施你在本书协助下所制订的训练计划，培养自己真正具有这些习惯和品质，从而改变自己的人生，成为精英。

我 的 训 练 计 划

如何从这本书中获得最大裨益

给你几点提示，它会使阅读这本书成为一段不寻常的经历。

◎ **作记号**！不要害怕拿出彩笔或记号笔，标出你想记住的内容。可以在页边的空白随意写画。针对自己的情况作笔记。书本和练习册本来就是让人在上面写东西的。想怎么用就怎么用吧，尽情寻乐。

◎ **写，写，写**。试着做做那些活动与练习。写得越多，你的自我就会更多地显现。你可能会惊讶地发现你自己从不知道的某些全新的方面。

◎ **找出你最喜欢的名言**。这本书中有不胜枚举的名人名言。找出你最欣赏的，将它们抄下来，贴在你能看见的地方，如镜子或书柜上。

◎ **将这5个坐标应用于“你的”日常生活当中**。别做书中劝诫你的事情：“要是我的朋友有这本书那该多好。”或者“啊，这或许适用于我同学！”相反，应该一心只想你能如何改进“你自己”，并且将这些忠告用以解决你自己的难题。

◎ **与他人交流心得**。与一个亲密朋友，或者父母、或者老师、或者任何对你很特别的人讨论你最赞成的想法。告诉他们你所作出的保证，以及你想如何实现改变，并寻求他们的帮助。

◎ **跳跃阅读**。你不必从头到尾依序阅读。信手翻阅，想什么时候做那些活动就什么时候做。这样反而会更有趣。

想想你希望学到什么

最后，花几分钟浏览一下这本书，了解一下它的主旨理念。现在，逐条写下你个人的期望：

读完这本书，我希望学到：

我现在面临的最大困难是：

这本书可在以下几个方面帮我克服那个困难：

愿你充分享受这个悦读季。祝你成功！

第 1 章

建立正确的价值观

你怎样看世界，你也就得到怎样的世界

拥有正确的价值观，意味着一个人可以在大是大非的问题上做出正确的抉择，意味着他有道德、讲诚信、负责任，是值得信赖、值得托付的人。

小奇在同学的便当里放泻药，害同学腹泻无法上学。老师自问："小奇虽然平日脾气不好，但还不至于会做出害人的事，他到底怎么了？以后该怎么办？"事后，虽然获得对方家长的原谅，但小奇仍认为："生活委员太啰嗦，管得太严格，一定要给他吃点苦头，报复一下。"这种报复伤害对方的想法，让老师很担心小奇的人际关系以及解决问题的能力。

郑玉对于王莹决定不跟她做朋友愤愤不平，"我对她全心全意，她怎么可以跟我分手"，"既然跟我在一起，当然就不应该再随便和其他同学好了……"郑玉决定今天要跟王莹进行最后谈判，心想："我得好好与她理论一下，我得不到的，别人也别想……"

• 价值观紊乱的年代 •

"孩子，你到底怎么了？为什么会有这些想法？怎么会做出这样的事？"许多家长、老师会有这些疑问。年少的你对于这些事情的看法又是如何呢？

你也许在想：处在现今乱象不断，功利主义盛行，人们追逐名利、权势的社会环境，看着许多人利欲熏心，不思努力，只想一步登天，甚至采取胁迫、强夺等方式，不择手段地只求达成目的。你也许也看着周遭许多人羡慕富人拥有的财富，却没有看到他们的努力与克勤克俭；看到医生财源滚滚，却没有看到他们成长过程的用功求学、长时间的工作及巨大的压力；追逐偶像，只看到他们光鲜的外表与耀眼的声势，却忽略了他们在成名过程中的苦练及付出。

另外，媒体不断地向你们的父母传播：如果孩子拥有"快乐的童

年”，以后就会有“没有竞争力的中年”，并且注定会有“悲哀的老年”。于是，你们的家长只好早早地从你们进入幼儿园时期，就开始将你们送到各种才艺班、补习班，扭曲了读书原本在于充实自己并对社会有贡献的快乐，以为读书是为了考试，而进重点学校才是最高荣誉及前途的保证，年轻的你们只好无奈地被安排。

至于传统的节俭、勤奋、诚信、礼让等美德，虽然不断地被师长所提示，但可能被认为是老古董、落伍、不合时代潮流，甚至被年轻的你们所摒弃。于是，人我之间的美好对待，无法适当地传承给年轻的一代，社会呈现的是旧社会价值系统崩坏，而新价值还未完全建立的状态。

傅佩荣教授认为价值观的尚未定型，并非只有青少年感到困扰，而是整个时代的共同处境。学者们在探究社会现象时，就认为现代社会是一个“后现代社会”，而所谓的“后现代”，最主要的特征就是“价值归零”。何谓价值归零呢？原来我们每个人从小开始，在家庭、学校及社会中，都会接受一系列的价值，包括真伪、善恶、美丑、是非、好坏等。但是，随着现代化的步调，在多元、开放、自由的媒体与资讯的渲染之下，人们很快就发觉：以前学习那一系列既定的价值，其实是相对的、可变的，甚至是没有必要的。

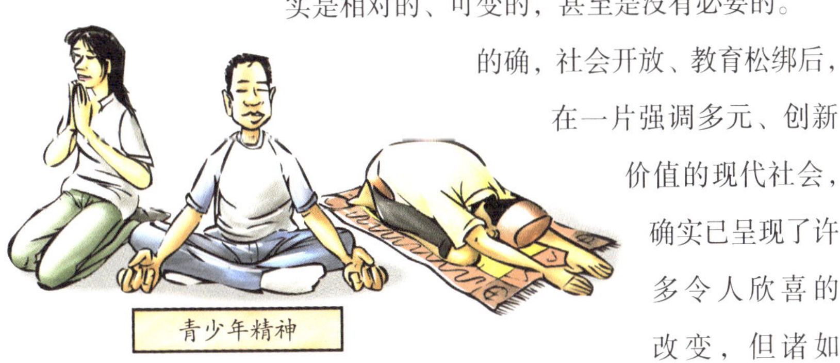

的确，社会开放、教育松绑后，在一片强调多元、创新价值的现代社会，确实已呈现了许多令人欣喜的改变，但诸如

“爱不到，死给你看”、“女儿讥笑父亲：我援交赚的钱比你多”、“优秀学生跳楼自杀”等校园怪象，常常出现在社会新闻里。这些究竟表示了什么？背后支持的价值系统又如何？在情感关系里、在亲子关系中、在自我对待上，青少年是用什么尺度对应，又是把持着如何的价值观？

• 青少年时期的重要任务 •

青少年时期是多姿多彩的人生发展阶段，美国芝加哥大学教授哈维赫斯特提出，6岁到18岁的青少年有九项重要的发展任务：接纳自己身体、发展适当人际关系、情绪独立、经济独立、选择及准备职业、符合社会期望、表现负责任、为婚姻家庭做准备，以及建立价值体系。可见一个人的品格、道德、价值观的陶冶，青少年期是相当重要的发展与奠基阶段。

耶鲁大学心理学家李文逊的研究认为，7岁到33岁的青少年期有四个大梦：人生价值、良师益友、终身志业和爱的寻求。这四个大梦的形成，将决定青少年将来会成为怎样的人。而人生价值为四个大梦之首，就是每个人对自己成为怎样的人的一种期望，这是对于生命目标的决定，这种决定与个人对自己的了解，将影响一个人未来的方向。生活中，我们常常看到，同样是一个班级的学生，为什么有的人经过奋斗心想事成，而有的人尝试了一番却无功而返呢？其中一个重要原因在于，成功者常常在青少年时期胸怀大志，注意磨砺自己，失败者往往缺失这个过程。历史上，思想大师、政治领袖、军事统帅、科学巨擘、文学泰斗、艺术名家，很多人在少年时期就逐渐显露出与众不同的特质，积累了走向卓越的基本素养。果然，他们长大后功成名就，永载史册。

因此，要协助青少年“寻求人生的价值”，首先应了解青少年对各方面的不满足，协助青少年用积极的态度来面对问题，再由解决问题中肯定自我，并在实践中体验自身存在的意义。

在现实生活里，如果你是高中生，那么你已经开始有抽象思考的能力，不再需要借由具体的事物才能形成思考，并且洞察能力增加，逐渐地质疑过去自己的价值观。可是需要面对的生活课题则有课业学习，社团活动、职业信仰、朋友伙伴等各种多变的选择。面对可变、无一定论的价值系统时，自然会出现无所遵循而脱序的结果。你是否想过，这时所该依循的究竟是什么？通常周遭的世间万象、人生百态，可能就会成为一个人思考和判断的素材。某些人、事、物，会使我们由衷敬重，但也有一些人、事、物则会招致我们鄙夷或怨恨。在这些不同的反应背后，所隐藏的看不见的准绳，就是我们的价值观。价值观引导我们在复杂的情境中做出选择，决定我们的行为方式，影响我们对于是非对错、轻重缓急的判断，主导我们对自己置身的现实做出响应。

研究一下以下的图表，看看你把自己归于哪一类。

浪费者（**道德低下，才能高超**）是那种天赋极好，可是却没有毅力勇气或是道德素养的人。我之所以称他们为浪费者是因为他们浪费了自己的天赋，他们的天赋使他们可以做许多好事，可是他们却没有，因为他们想到的只有自己。举例来说，有很多才华出众的明星给崇拜他们的孩子留下了很不好的榜样。

可鄙的人（**既无才又无德**）是真正的麻烦，他们既不关心他人，也不在乎自己。什么是可鄙的人？可鄙的人就是那种无所事事，毫无用处的人，他们就是在混日子。不说也罢。

德与艺的分类

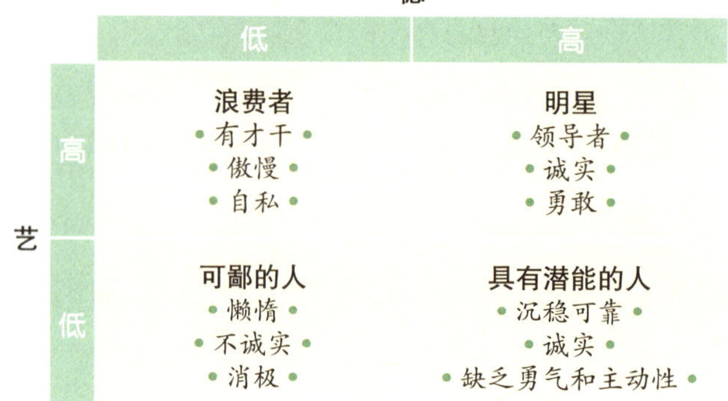

具有很大潜能的人（**道德高尚，才能低下**）是诚实正直的好人，但是却没有遇到开发他们潜能的挑战。他们拥有潜在特质的基础，因此很有可能成为社会精英。很多孩子属于这一种类型的人。

明星（**德艺双馨**）拥有高超的技艺，同时也是心地善良的人，他们努力发扬自己的天赋，而且并不损害他人，他们虽然不是完人，但是他们一直在为此而努力着。

幸运的是，具有很大潜能的人和明星的数量要比可鄙的人与浪费者多。然而，每个人都能成为明星，要想成为明星，你首先要决心改变自己，然后同时逐步加强道德修炼和提高技能。

• 正确价值观的建立 •

每个人的价值观是每天都在无形中进行着塑造的过程，因此，不同的人会拥有不同的价值观。当然，人与人之间有些价值观是共通的，

如：责任、勇敢；有些则是相互冲突的，如：有些人重视物质生活，有些人强调简约的生活态度。尽管不同脑袋里的价值观可能大相径庭，但人们各自不同的人生经历、生命感悟乃至生活际遇，无不受到各自价值观的深刻影响。

价值观是指导所有态度和行为的根本要素，有了正确价值观的指引，才可以更完善自己的人格，端正自己的人生态度。拥有正确的价值观，意味着一个人可以在大是大非的问题上做出正确的抉择，意味着他有道德、讲诚信、负责任，是值得信赖、值得托付的人。一般家长、老师对于青少年在富有创意、勇于表现、外语能力强、信息能力好、各种才艺佳的方面是深具信心的。但同样地，对于青少年不能吃苦、挫折忍受度低、不尊重师长、学习动力低落、不认真读书等则是深深地忧心着。

发展心理学家海里特·希思博士在《给孩子正确的价值观》一书中建议父母给孩子传承价值观遵照此下步骤：

1. 找出你的价值观。

2. 明了它们对你的意义。

3. 依照你的价值观行事。

4. 以你的孩子能明了的方式示范你的价值观给他们看。

5. 知道孩子应该具有什么价值观，以及他们能实践到什么程度。

6. 明白要建立一套价值观，孩子要经过哪些阶段。

7. 能抓住最恰当的时机传授这些价值观。

因此，我也建议你们必须先找出你最看重的究竟是什么，试着做做看，以下的活动也许可以帮助你找到现阶段你认为最重要的价值。

首先，请写出10至20个自己认为重要的价值，如“善良”、“勇敢”、

“坚强”、“快乐”、“自由”、“创造”、“平等”、“勤奋”、“正直”等，并将每个价值的名称分别写在小卡片上。这些价值应该大都是被每个人认同、喜欢的特质，可是你知道哪一项价值才是你个人认为最重要，并且是不可或缺的呢?

现在开始，你要进行一项为自己的冒险活动。请将你写在卡片上的价值观，逐步地放弃一些对你来说优先级较低的卡片。当你手中只剩下三四张小卡片时，会感到无论放弃哪一张都非常难以抉择，甚至必须忍受内心的挣扎……

这是一个有名的心理学实验，它被用来说明每个人心中都有一些自己最珍惜、最难以割舍的价值及行为原则。再看看你手中最后剩下的卡片，那些你难以放弃的，通常就说明了你所看重的核心价值，也是你心灵安适、安身立命的根源。这些重要价值观，将会像经济学家亚当·斯密说的“看不见的手”，它在不知不觉之中，往往就决定了我们选择如何面对生活，以及用什么样的方式度过一生。

看看我们周遭的人们，有的人最向往拥有健康的生活和美满的家庭，因此，“爱”和“健康”一定是他们的价值观中最重要的核心价值；有的人喜欢一切具有创造力的事物，他们努力突破框架，尝试全新的方式，所以“创新”应该是他们最为珍视的核心价值；崇尚无拘无束的生活方式的人，将是以“自由”为核心价值;而对唯美主义者来说，“美”也将是他们心中无上的核心价值。

请借着上述方法找到自己认为最重要的价值观，试着深层地了解它们对自己的意义，然后在日常生活中具体地实践这些价值，并且随时检视自己与外在环境的适配程度，它们也将会成为你未来最珍贵的行事依据。

我们在评价一个人是否成功时，通常不只观察他的成就、热情、毅力、理想、执行能力、沟通能力等因素，还要看他是否拥有正确的价值观。一个人如果拥有正确的价值观，那么，他越具有才华，他对社会的贡献也就愈大；反之，如果他的价值观是扭曲的、邪恶的，那么，他对社会的危害也就愈大。

青少年朋友，你的价值观又是如何呢？

• 坚信自己的价值观 •

一个人想要获得成功，就必须先拥有正确的价值观。因为价值观是我们行事的基础，或可说是我们日常行为的准则，无时无刻不在左右着我们，但我们通常察觉不到它的存在。对于成功的定义，首先，我们要勇敢地挑战社会上通常的评价标准——一元化，也就是在学校只看重成绩表现，而无视于其他方面的表现；进入社会后则只看功名利禄，而不管社会义务与责任。这种一元化成功的观念，常使得年轻的你们无法承受，只能在成绩当中斤斤计较，也使得很多年轻朋友因为急功近利和目光短浅，而忘记自己真正的目标和理想抱负，甚至忘记自己在社会中应有的价值和责任。

随着时代越来越开放，目前建立多元化成功的观念已逐渐被接受，更有许多杰出的青少年为自己的理想坚持，开创出属于自己的天空。

在多元化成功的理想里，衡量成功的标准有很多种：它可能是一个人的地位、财富、创造力，或群众影响力；可以是一个人对他人的帮助、对社会的贡献；或个人对于自我要求的不断提升和不断超越。多元化的成功定义可以让每个人依自己的兴趣和特长，发挥实力并且发掘自己的潜力，在自主选择的过程中不断超越自己，同时也能让社会保持健康、和谐的状态，不但个人能获得最大的快乐，也能让社会大众体验最大的幸福。换句话说，成功就是不断超越自己，就如李开复先生所说“做最好的自己”。怎样做最好的自己呢？就是按照自己设定的目标，充实地学习、工作和生活，并且始终顺着自己选择的道路，做一个快乐的、永远追逐兴趣并能发掘出自身潜能的人。因为每个人都有自己的专长和特质，在多元化成功的社会中，只要主动选择，每个人都将有成功的机会。

在社会乱象充斥、价值观混淆不清的时代里，我们要建立正确良好的价值观，协助自己脱离一元化的成功标准。再则，还可以鼓励自己在有限的条件中不断超越自己，即使未来在人生的旅途上遇到大挫折，也不但不会迷茫和消沉，反而会因为自己坚信的价值观，找回自信和快乐，并且持续地、正确地走在迈向成功的大道上。

嘿，看我发现了什么。发现了自己！

著名作家米兰·昆德拉说：“我们日复一日的生活都是在与机缘的碰撞中度过的。”一个机缘可能改变人的一

生。当年，一本法律书引起林肯的兴趣，他由此改行做律师，并走上从政之路，使他后来有机会成为杰出的政治家。小柴昌俊少年时，在住院期间看了班主任老师赠送的一本科普读物，便对物理学产生了浓厚兴趣，并在2002年荣获诺贝尔物理学奖。

当你拿起这本书的时候，说明你与它有缘。但愿它能抛砖引玉，有助于你开启人生的梦想，走向成功的未来。

价值观是你看问题的方式——你的观点、参照原则，或信念。因此，每个人的价值观就是如何看待你自己和外面的世界。当然，无论怎样看自己，也许你都有道理。如果你认为自己善于学习，你的成绩准会不错。如果你认为数学不好学，数学就会成为你的弱项。构建正确的价值观可使你得到提升，发掘你的最大潜力；而消极的价值观会使你作茧自缚。

◆ 我对自己的某些积极的价值观是：

◆ 我对自己的某些消极的价值观是：

◆ 我的家长、监护人、朋友同学或学校老师可能影响我的价值观是：

◆ 他们的价值观与我的价值观（相符或不符）：

◆ 他们可能正确吗？我如何才能确定？

自我价值观评价

阅读本章关于价值观的内容。现在，通过以下的选择看你如何评价自己。

	对	错
我很在意他人的感受。		
我善于学习。		
我为人善良。		
我差不多是一个乐天派。		
我有头脑。		
我肯助人。		
我爱好体育。		
我有天分。		
我积极能干。		
我是家中的好成员。		
我是坏人。		
我很懒惰。		
我难得快乐。		
我不聪明。		
我一无所长。		
我没有吸引力。		
我没有人缘。		
我不是一个好朋友。		
我不诚实。		
我不可靠。		

如果你在这一评估过程中确定了至少一条负面的价值观，接下来请完成以下问题。

我希望改变的一个负面价值观是：

如果你的价值观全部错误，你该怎么做?

与相信我并肯定我的潜力的人共度一段时光。对我来说，此人是：

与诋毁我或认为我与他们同流合污的朋友绝交。我可能应该绝交的朋友有：

试着从他人的视角看问题，以改变自己。我需要看到另一面的情况是：

对周围的人的交往方式

请回答以下问卷：

	A	B	C	D	E	F
1. 一个星期二的晚上，你正在家里做几何作业。习题很难，令你厌烦。忽听朋友的车子开到路边，大声嚷嚷说出去吃晚饭。你这时怎样想？ a. 如果你想继续做作业，尽管它使你感到厌烦，请在F格里打钩。 b. 如果想跟朋友一起走并且对自己说作业回来再做也不迟。请在A格里打钩。	□	□	□	□	□	□
2. 你家正在计划去青岛进行五天的度假。你很想去，但请五天假意味着你挣不够开学买衣服的钱。你怎么做？ a. 如果你想留在家里继续工作，请在B 格里打钩。 b. 如果你想跟家人去青岛，请在F 格里打钩。	□	□	□	□	□	□
3. 你正在家里做与朋友外出的准备——他们随时可能出现。电话铃响了，是你的同学打来的。他或她问你能否立刻过去待一会儿，看一部电影。你打算怎样做？ a. 若是想去同学那里请在C格打钩。 b. 若是决定告诉同学你与朋友已有约在先，请在F格里打钩。	□	□	□	□	□	□
4. 现在是晚上 11 点，你正在为英语考试做复习。你已学了一晚上，而且深信明天的考试差不了。再说，你已经很累，想去睡觉。但是，你这门课的平均分数是优等，如果再熬一会儿，确保考试拿高分，就能得到一个实实在在的全优，你准备怎样做？ a. 准备上床休息，请在F格打钩。 b. 为保证得高分而想再坚持一会儿，请在D格中打钩。	□	□	□	□	□	□

	A	B	C	D	E	F
5. 你正在参加学校举行的招聘活动，听有关方面介绍情况。你感到很迷惘，不知道“长大后”想干什么，因此也就不知道上哪一所大学。你现在听到的是关于你母亲想让你报考的那所大学的介绍。你不知道该怎么做，但你只求速决。介绍会结束后，主持人要求班里学生填申请表。你会怎么做？ a. 如果你决定等一等，在对自己的选择慎重考虑之后再填申请，请在F格打钩。 b. 如果决定填表，请在E格打钩。	□	□	□	□	□	□

计算一下每一个框格里的钩数，将数字填在这里：

A：______ B：______ C：______

D：______ E：______ F：______

F格：如果你在此项的数字大于3，那说明你有相当健康的生活重心。

E格：如果你在此项的得分为1，看看你的生活是否太以家长为重心。

D格：如果此项的得分为1，学习固然重要，但不要把自己搞得太疲劳。

C格：如果此项内的得分为1，检查你的生活是否太以同学为重心。

B格：如果此项的得分为1，追求成就和享受物质并没有错，不过，永远不要以最终没有持久价值的东西作为你的生活重心。对度假和与家人共享的美好时光的宝贵记忆永远不会被磨灭。

A格：如果此项的数字为1，检查你的生活是否太以朋友为重心。

确立你的价值观

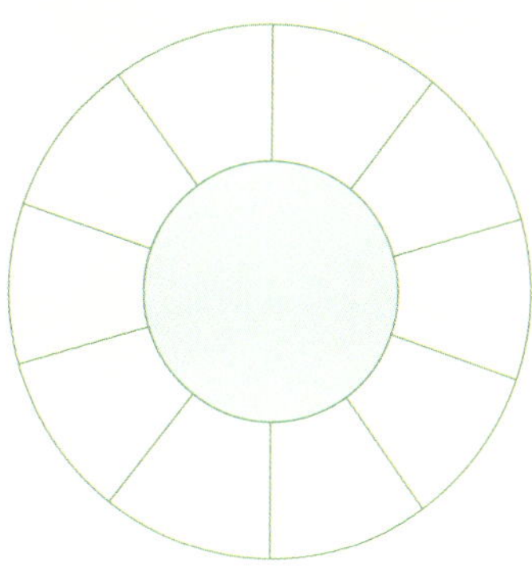

把你的价值观看作生活之轮的中心，把你的爱好和兴趣看作轮辐。在下面这个轮子的中央，填进你现在恪守的价值观，以及你所赞赏的他人所持的原则。在轮辐上列出受这些价值观影响的事情。

我想确立的某些价值观是：

我将通过以下措施确立这些价值观（说出你的行动或计划）：

今天就决定将确定价值观作为你的生活中心。每当遇到矛盾或困难，问问自己“现在什么价值观在起作用？”

第 2 章

构建人生坐标

在践行时就是在形成

年少时不断在生命的困顿与诱惑中迷茫是必然的。然而，年岁的流转却不一定使我们减少烦扰。对于人生坐标的思考或质疑，也许帮助我们厘清了生命的价值与意义。

第2章 构建人生坐标

为什么要构建人生坐标？什么时候开始？应该由谁教？在什么地方教？这些问题，看似显而易见，又或者有些疑问，但其实我们在当今需要重新审视。尤其是，我们还需要更进一步思考：教给青少年构建什么样的人生坐标？怎样教？这是本书的最核心内容和主旨。

• 为什么 •

为什么要教给青少年构建人生坐标呢？

因为这是我们为了孩子的幸福所能做的最重要、最有效的事情。各个时代的智慧——不同国家的理念——我们的经验、让我们知道：个人和集体的幸福与价值观规范下的行为密切相关。如果人们没有了为人处事的基本原则，也会同时失去内心的平和与安宁。

美国作家、思想家拉尔夫·瓦尔多·爱默生说过：“因与果是一个事实的两面。在悄然无声中，每一桩秘密都必须会被揭穿，每一份罪恶都必然会受到惩罚，每一次善行都必然会得到回报，每一个错误都必然会得到纠正……因与果，方法与结局，种子与果实，都是不可分割的；因为果已在因中酝酿，方法早已决定了结局，果实就在种子里。”

满足与幸福的果实，就在明确而坚定的人生坐标的种子里。所以，为什么要教给青少年呢？因为他们的幸福取决于此。

什么时候开始

不管有没有父母的帮助，孩子都会在学龄前开始有意识或无意识地发展自己的价值观。一部分是从他们的朋友那里学到的，一部分是从电视里学到的，但主要是从家庭中学到的。当他们进入学校后，会检验并进一步发展那些价值观，有时也会改变自己的价值观。等他们到了青春期，就会拼命地寻求自主，开始建立独立于自己父母的人生坐标，但通常与父母的价值观并没有非常大的区别。

现实生活中一度非常盛行“放纵式教育”的理念，被称为“自由、民主”或“注重民主”的教育方式，核心理念是：在孩子长到能够自己选择价值观之前，不用教给他们任何价值观。这种方法无异于将一艘没有动力的小船，放到摧枯拉朽之势的惊涛骇浪中，同时又希望它能够幸运地驶入安全的港湾。显然，这是一种错误。

如果父母和教师在构建人生坐标方面不给孩子任何引导，孩子会从根本上认为它不重要。如果重视，有意识地引导、帮助、教导，并以身作则，树立榜样，那么构建人生坐标的过程，将会进展得更加顺利。孩子们会形成自己的价值观，意识到构建人生坐标是成长过程中非常重要的一部分。

所以，应该在什么时候教呢？答案是从任何时候开始，即：

从现在开始，并且一直做下去！

在哪养成

学校是否应该教给学生价值观？当然，这是不言而喻的。学校在

教育知识的同时，价值观教育是非常重要和迫切的。

虽然关于在家庭还是学校教育，人们有争论，但其实是无关紧要的。无论家庭所受的教育是积极还是消极的，对孩子产生的影响却是深远的。首先，父母对孩子的影响至少早在上学前5年就已经开始了。其次，在孩子人生前十四五年中，不管是以身作则，还是从概念引导上来说，父母有对孩子教育的根本责任，尽职尽责地教育给孩子价值观，意义是深远而持久的。

所以，应该在哪里由谁教呢？答案不言而喻。

在家里、在学校、在社会，在任何地方。

• 要什么样的人生坐标 •

世界上有普世的人生坐标吗？有没有一些人生坐标是无条件的、永恒不变，且不分种族的？有什么思想和行为标准是天生就正确，且人们会毫不含糊地认为好？

我们冥思苦想这些问题——并不想像哲学家那样试图创建一套普世的人生坐标体系，而是试图构建一个对中国青少年很重要、对成长很重要、对国家未来发展很重要，并被父母、教师、青少年赞同、理解、接受并乐于学习的人生坐标——建立正确价值观，构建强大内心——志存高远、诚信笃志、言行规范、思想活跃。

人生坐标究竟是什么

价值观是指一个人的行为标准，以及决定我们是什么样的人、如何生活、如何对待他人的心态和精神状态。一方面表现为价值取向、

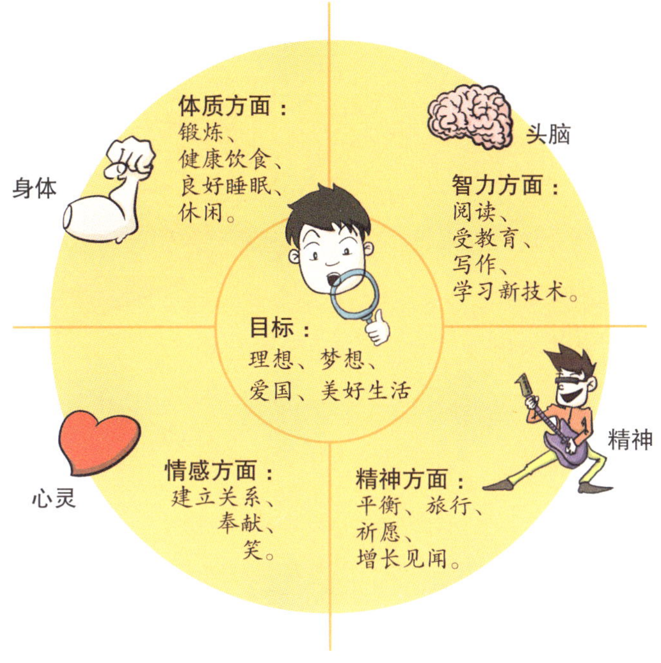

价值追求，凝结为一定的价值目标；另一方面表现为价值尺度和准则，成为人们判断事物有无价值及价值大小、是光荣还是可耻的评价标准。价值观和价值观体系是决定人的行为的心理基础。思考价值问题并形成一定的价值观，是人们使自己的认识和实践活动达到自觉的重要标志。

由于价值观的不同，它们不是造就你，就是毁掉你。我们怎么做，我们就会变成怎么样的人。正如萨穆尔·斯迈尔所说：

播种思想，收获行动；

播种行动，收获习惯；

播种习惯，收获性格；

播种性格，收获命运。

正确的价值观能帮助你：

◎ 掌控自己的生活

◎ 改善与朋友的关系

◎ 做出更明智的决策

◎ 与老爸老妈更好地相处

◎ 克服不良嗜好

◎ 确认自己的价值、识别生活中的重大事项

◎ 办事更经济

◎ 增强自信心

◎ 自足常乐

◎ 平衡地处理学校、学习、朋友及其他事物

我们构建的人生坐标，就是建立在正确价值观基础上，影响到青少年的行为、心理以及学习生活等方方面面。它包含：设定目标、管理原则、个人技能、社交能力、平衡关系等五大坐标。它是青少年遵循的原则。

人生坐标的构建依据是什么

青少年人生坐标的构建基于社会主义核心价值体系及核心价值观。

党的十六届六中全会首次明确提出建设社会主义核心价值体系。社会主义核心价值体系具体包括四个方面的基本内容，即马克思主义指导思想、中国特色社会主义共同理想、以爱国主义为核心的民族精神和以改革创新为核心的时代精神、以“八荣八耻”为主要内容的社会主义荣辱观。这四个方面的基本内容相互联系、相互贯通，共同构成辩证统一的有机整体。

党的十八大又进一步提出了核心价值观，即“倡导富强、民主、文明、和谐，倡导自由、平等、公正、法治，倡导爱国、敬业、诚信、友善，积极培育社会主义核心价值观。”其中“富强、民主、文明、和谐”体现了发展目标上的规定，是立足国家层面提出的要求；“自由、平等、公正、法治”体现了价值导向上的规定，是立足社会层面提出的要求；“爱国、敬业、诚信、友善”体现了道德准则上的规定，是立足公民个人层面提出的要求。这三个层次的理念相互联系、相互贯通，实现了政治理想、社会导向、行为准则的统一，实现了国家、集体、个人在价值目标上的统一，兼顾了国家、社会、个人三者的价值愿望和追求。

社会主义核心价值体系及价值观在青少年教育中可以具体内化为政治信念、国家意识、人道情怀、社会良知、文化底蕴、科学精神、美好情操、善良意志、人格养成，这些价值观可以成为培养杰出青少年的人生坐标的依据。

构建青少年的人生坐标，就是希望在培养青少年成为未来社会有道德、有理想、有爱心、有礼貌的“四有”公民的教育中，起到引领和推动作用，将“四育”真正落实到行动中，产生实际效果。

构建正确的人生坐标，决定一个人的命运。有人曾经问一位诺贝尔奖获得者：“您从哪里学到一生中最主要的东西？”那位白发苍苍的老者回答说：“在幼儿园。把自己的东西分一半给小伙伴们；不是自己的东西不要拿；东西要放整齐；吃饭前要洗手；做错了事情要表示歉意；午饭后要休息；要仔细观察周围的大自然。从根本上说，我学到的全部东西就是这些。”从小养成了正确的价值观，释放出巨大的潜能，才有后来举世瞩目的诺贝尔奖辉煌！这就说明，播种一种好行为，收获一种好习惯，播种一种好习惯，收获一种好品德，播种一种好品德，

收获一种好命运。因此，教育的目的，就是要培养青少年做人、做事的人生坐标。人生坐标一旦养成，不仅能储备终身做人的雄厚资本，还奠基了幸福的人生。

• 怎样做 •

下面有一张图，上面有数字 1 至 54。现在要求你按顺序从 1 到 54 找到全部的数字，看在规定的一分半钟时间内能够找到多少。不要漏掉一个数字，也不能耍诈。好，现在拿好笔，预备——开始！

怎么样？大部分人可以数到 30。好，现在再来一遍，不过要用我教你们的办法。把书翻到第 39 页，认真阅读那段指导性文字。

好，这一次你数到多少？也许全部 54 个数字都数完了吧。和上次有什么不一样？唯一不一样的地方是我教给你一种思维方式，帮助你找到更多数字。一旦你知道该如何思考，你的速度将是原来的三倍！这就是坐标的魔力，它们是能够帮助你更快更好解决问题的思维框架，它们也能够帮助你在面对重大问题的时候更好地做出决定。因此，建立正确的人生坐标非常重要而迫切。

一位朋友告诉我，有一天，他那两个学龄前的孩子又为一个布娃娃打起来了。她感到心烦意乱，一把抓起那个娃娃，将它扔出了窗外。

随后，他给两个孩子讲了一番要分享、不要打架的道理。他确信自己教给孩子一些东西了。

他确实教了！就在当天晚上，他看到两个孩子将两片面包扔到了窗外。孩子们从他们亲眼见到的父母行为中所学到的，永远多于他们从父母言语中所听到的。

你希望改变自己的是什么？

1. 更加漂亮
2. 学习更好
3. 更加自信
4. 运动能力更加出色
5. 有个好朋友
6. 更有人缘
7. 更加努力

榜样永远是最好的老师。我们怎么做，总是胜过我们怎么说。

人生坐标教育是将价值观的形成与教育活动相结合的过程，是教育的重要使命。作为有目的有组织的教育活动，它对青少年构建正确的人生坐标有着非常重要的作用，同时对整个社会主导价值观的形成具有强大的促进功能。

本书会在每一章，附上我们建议的一套训练计划和小游戏、小贴士。将这些方法用于边阅读边理解的全过程，寓教于乐，于训练、游戏中自省反思，于潜移默化中形成。

• 你的人生此刻停留在几点 •

先告诉你一个好消息，你十年后将成为什么样的人完全取决于现在的你！而选择什么是你的自由。你可以选择自己将来的道路。更妙的是，你现在就可以做！不论何时何地，你都可以选择开始，选择更加尊重你自己，选择不再同那些拖你下水的人在一起。正是这些选择最终决定了你的生活状态：幸福，还是潦倒。

你应该认识到，虽然你有选择的权利，但是你无法选择自己所做选择产生的结果。这是绑定的，是一揽子的交易。选择和结果就像是土豆泥和酱汁一样密不可分。一旦做出了决定只要坚持下去就行了，就不需要再翻来覆去地去想这个问题。举个例子，如果你选择在学校里得过且过地混日子，从来都不打算去读大学，那么你就必须忍受甚至无缘得到高薪工作面试这样的结果。

没有人希望你一直都做个完美无缺的人，所以也没必要对自己过分苛刻。从今天开始，明智选择自己的生活，你就能够顺利度过这段多事的青少年时期。

当你告别“10”字头，开始庆祝第一个“20”字头生日的时候，我希望你能够这样说：我已成功应对青少年时期所面对的人生挑战，做出了明智的选择。

最后要说的是，这是为你写的书，请享用吧。拿出铅笔、钢笔或记号笔做记号。不用迟疑，在你认可的主意上画线、画圈或涂色。在页边做笔记、胡涂乱写没关系。有趣的故事，再看一遍；带给你希望的名言，记住它。

如果你喜欢跳着看漫画和其他奇闻轶事，那也没关系。但是，你总得挤出时间从头至尾看一遍，因为这五个坐标，一个建立在另一个之上。先是坐标一，然后是坐标二，如此等等。

怎么样，定下日子，开始读这本书吧！

36页答案提示

1	2	3
4	5	6
7	8	9

这幅数字图和你在前面做过的那幅一模一样；不过这一次我将整幅图划成了平均的九个方格。你只要按照以下图例所示的顺序，就能够找到从1到54所有的数字。换言之，第一个数字在方框1内，第二个数字在方框2内，第三个数字在方框3内，下一个数字在方框4内，第九个数字在方框9内，然后再回到方框1内寻找下一个数字，依此类推。

这次再给自己一分半钟，看能够找出多少个数字。完成后，回到第36页继续阅读。准备好了吗？好，现在拿好笔，准备，开始……

5个坐标学习地图

坐标三　个人技能

最大化实现自身价值的绿色通道

- 你该跑多远
- 运动精神就是人格精神
- 体育与学术的异曲同工之妙
- 求胜——其实是为了战胜自己
- 良好的口才是成功的助燃剂

坐标四　社交能力

和谐关系才能双赢

- 默契从何而来
- 光杆司令没有前途
- 忠诚是一笔丰厚的投资
- 学会倾听
- 真诚赢得尊重和信任
- 善待他人，就是善待自己
- 选择真正的朋友
- 协作增效——我们都是独特的个体
- “对不起”为什么那么难说出口
- 掌握与父母沟通的关键点

坐标五　平衡关系

懂得享受人生驾驭生活

- 人生三问
- 接纳自己的不完美
- 用微笑的智慧应对一切
- 逆境不专属于一个人
- 大自然会说话
- 了解真实的世界
- 放松与勤勉一样重要
- 别轻易被情绪击倒
- 把压力扛起来，别放在心上
- 提前做好职业规划很重要
- 有钱不一定有幸福
- 做自己生命中的明星
- 尽情分享才能创造美丽人生

坚守信念，它值得你为之奋斗

该是“我出发的时间”了

建立正确的价值观

你怎样看世界，
你也就得到怎样的世界

- 价值观紊乱的年代
- 青少年时期的重要任务
- 正确价值观的建立
- 坚信自己的价值观

构建人生坐标

在践行时就是在形成

- 为什么
- 什么时候开始
- 在哪养成
- 要什么样的人生坐标
- 怎样做
- 你的人生此刻停留在几点

坐标一　设定目标

伟大的目标
构成伟大的心

- 人生的十字路口
- 我的目标在哪里
- 将理想进行到底
- 中国梦：你的梦，我的梦
- 梦想和希望：铜墙铁壁也不能阻挡的力量
- 人生之路仍尚早
- 设定目标八戒——为何要知道该去的地方
- 写成文字的目标更有威力
- 没有爬不上去的树
- 既要雄心勃勃，也要有具体目标
- 你需要用一定的时间去直面自己

坐标二　管理原则

自我管理和领导力培养
是实现目标的基石

- 管理时间就是管理人生
- 反省今天，明天就会起变化
- 要事第一
- 如何摆脱拖延的习惯
- 成功在于灵活利用点滴时间的程度
- 精神一到，何事不成
- 摆脱信息洪水
- 罗马不是一天建成的
- 梦想成为决策者吗，多关心社会时政
- 29秒的决策力
- 把“该做的事”变成“想做的游戏”
- 你今天的行动对他人却是奢望
- 别着急吃你的棉花糖

为清楚了解你的人生坐标，必须随时注意你在一周内的行为和思想。七天里随身带一本日志簿（如下图），记下你的行动，并给每个行动注上正确的得分。

	+	-
已开始实施我保证要开始的计划	50	
昨夜睡得很晚		150
为几天后的化学大考温课	100	
称赞自己看起来多棒	20	
放学回家在网上聊了几个钟头		120
没吃早饭，中午吃了甜点和饮料		50
结余		

一周过去了，你对哪些结果满意？对于减分你是否感到吃惊？

信守自己所作的保证

如果常常作出一些你自信能够兑现的次要承诺，那么，信守重要

承诺也就不太困难了；然后再接再厉——逐渐加重承诺的分量。完成以下陈述。

在违背了自己保证要做某事的诺言后我感到：

我希望能够信守、但却屡屡违背的自我承诺是：

我不能信守这一诺言的原因是：

如果我能信守两三个次要的自我承诺，那就有助于我信守更重要的诺言。这些次要诺言是：

1. ______

2. ______

3. ______

我希望信守这一重要诺言是因为：

我的生活会改善，因为：

我因为信守这一重要诺言而给予自己的最好奖赏可能是：

莫因善小而不为

做一些细微的好事特别能使你对自己感觉良好。即使这些行动是为别人所做，但它们累积起来就是你个人银行账户中的一大笔财富。

对己宽容，诚实做人

对自己宽容意味着要学会对你所做的蠢事置之一笑。善于自嘲而不是对生活中的某些事过于计较，这是一种积极的态度，有助于你广交朋友。

诚实就是要示人以真面目。也就是说不弄虚，不作假。当你对自己不诚实时，你就会感到心虚，感到不踏实，最终就会从你的人生中损失一笔财富（你对自己的感觉）。而每一个诚实的行动就是在你的人生中做了一笔投资。

回忆一下曾经使你最难堪的时刻。把它写在下面（或另一张纸上），就像写一部生动的小说的某个章节。把自己当作主角，注意描写场景，增加其他角色（如果有的话），记述你当时说过的话，做过的事。

现在再把那件尴尬事以喜剧风格改写一遍。

两种描述有何差别？读了上述两种版本，你对自己或那件事是否

有了不同的感受？记下你的看法：

学会对自己和自己的错误一笑了之将增强我的自信，因为：

我所知的一个最诚实的人是：（此人可以是你生活中的某个人物，也可是你所赞赏的名人。）

说此人诚实是因为：（列举一件或多件事例。）

我可以通过下列行为使自己更诚实：（谈谈你的改进计划）

试做一些惊人之举

你看过寻找全球最有天才者的电视节目吗？有没有看过别的鼓励你将拍的自己所做的荒唐可笑的事情的家庭录像带寄给他们的电视节目？如果非如此不可，你选送的录像拍的会是什么事？

若有电视拍摄人员来我家拍我的绝活，我会开始做：

我最好的朋友的绝技是：

我做得不错的一件事是（记住，才能可以表现为善于在公众场合讲话、倾听、做一个好朋友等方面）：

承担责任

当你强化了自己的主动心态，就能更好地为你的生命负责，更好地帮助并影响别人。完成以下的活动：

1. 找一个朋友帮助你完成这个活动。让朋友把你眼睛蒙住。

2. 找一个布满家具的房间，或者有很多障碍物的院子，让你朋友站在房间或院子的另一头。

3. 你朝朋友走过去，让他（她）告诉你“左”或“右”，帮助你躲避这些障碍。（注意：当心不要用任何可能伤害你或容易打破的东西。）

4. 当你摸到你朋友，让他（她）令你回到你原来站的地方。

5. 把这个过程重复一次。

当你第二次向朋友走过去的时候，避开障碍是否比较容易了？

第二次你的行动与第一次有哪些不同？

你第二次学到了哪些第一次没有学到的知识？这些知识帮助你积极躲避障碍了吗？怎么帮助的？

即使你的朋友努力不让你碰到障碍物，你是否也还会偶尔碰到它们？这与被动反应的行为有何相似之处？

你在活动中可以用什么办法来积极主动地避开障碍物？

想一想“能做到”型的人

“能做到”类型的人利用主动性、创造性和勇气来促使事情发生。他们不会用一生的时间等待命运到来。他们走出去，为自己想要的而努力。想想下面的问题。

我崇拜的一个“能做到”类型的人是：（他或她可以是某个名人，也可以是你熟悉的人。）

这个人属于“能做到”类型，因为：（说明是什么让你认为他或她有这种心态。）

这种“能做到”心态帮助这个人克服了下面的困难：

由于具有“能做到”心态，这个人取得了下面的成功：

如果这个人没有“能做到”的心态，他或她的人生可能出现这样的变化：

我生活中妨碍我实现目标的一个障碍是：

我可以用这种“能做到”的态度克服这个障碍，办法是：（介绍你的行动。）

看你暂停键用得好不好

回答下面的问卷，看你暂停键用得好不好。

自我意识	
我花时间审视我的想法或感觉，如果必要就改变他们。	从不 有时 经常
我意识到我想法是怎样影响我的态度和行为的。	从不 有时 经常
我花时间不受干扰地安静思考。	从不 有时 经常
良 知	
我内心感觉，提示我什么事情应该做，什么事情不该做。	从不 有时 经常
我听从这种感觉，并根据它采取行动。	从不 有时 经常
我花时间考虑自己看重的那些东西。	从不 有时 经常
我能区分出社会和媒体希望我看重的东西和我自己的价值观。	从不 有时 经常
想象力	
我会事先设想。	从不 有时 经常
我已经描绘出自己成功实现目标时的样子。	从不 有时 经常
我能很容易设想到解决问题和其他方法或障碍。	从不 有时 经常
意志力	
我对自己和别人做出承诺并信守承诺。	从不 有时 经常
我为自己制定有意义的目标并实现它们。	从不 有时 经常
我在做出选择的时候牢记并尊重自己的价值观。	从不 有时 经常

做完这个问卷后，回头查看你的答案。问你自己："我的暂停键用得够多吗？如果不够多，怎么改善？"

阅读下面的场景，回答后面的问题。

你一直在参与编写学校年鉴，而且一直非常认真和称职。3个月前，有个新同学加入了编辑组。最近，他被任命为年鉴主编，而这个职位是你盼望已久的。

在这种情况下，你会通过按下暂停键做出什么样的积极选择?

自我意识：

良知：

想象力：

意志力：

第 3 章

坐标一 设定目标

伟大的目标构成伟大的心

人生的目标就像沙漠中的地图，只要你愿意，你就可以自己描绘。事实上，我们每个人的命运都掌握在自己的手中，远大的目标能激发人的潜能。

刚刚有人要你完成一幅拼图。你以前曾经完成过许多这样的拼图，于是就兴致勃勃地开始了。你倒出了所有的1000片拼图，把它们摊在大桌子上。然后，你拿起盒盖，看看你要拼出什么样的图案。但是，盒盖上没有图画！上面空白一片！你想，如果不知道图案是什么样，你怎么可能完成拼图呢？如果你能再看看拼好的图案该是什么样就好了。仅此而已。那样的话，情况会多么不同啊！如果看不到，你甚至都不知道该从哪里开始。

现在，想想你自己的生活和你的1000片拼图。你的头脑中是否有个目标？你是否清楚地知道自己在1年后想成为什么样的人？5年后呢？或者，你是否全然没有头绪？

目标是灯塔，很重要。也就是说，清楚地构想自己将来想要怎样的人生，成为什么样的人，这意味着你要决定自己的价值观并确立目标。坐标一说，既然你是司机，你就要决定自己的目的地，并且勾画出通往目的地的路线图。

我们常听到人们谈论天赋、运气、机遇、智力和优雅的举止，对于一个人的成功是多么重要。当然，除了运气和机遇，其他因素都十分重要，但是，如果有了这些条件却没有坚定的目标，也是不会成功的。很多人到处随波逐流，沉浸在自己喜欢却无力实现的幻想中。斯多克说："大多数人都在生活中随波逐流，漂流在一百种不同情况下，就会选择一百种职业，却不明白自己到底要做什么。"

成功人士虽有不同的弱点，但坚定而明确的目标必定是共同特征。

哥伦布之所以成功，在于它有明确的目标，以及不惜一切代价朝着目标勇往直前的决心。

如果迷失了前进的方向，只按照冲动和本能行事，此人绝不可能

成就一番大事业。他的生命之舟只能在沙滩上搁浅，吃水不深，无法远航，不可能成为一个在群体中受到关注的人物，因为没人能预测到他明天将做什么，能否做成什么。

威廉·马修斯博士说过："十之八九的人，为自己安排了过于宏伟宽泛的计划，可是本来能胜任的任何一项工作却一无所成，因为他们从没有清楚地决定自己到底要做什么，要成为什么样的人。这种错误的做法造成悲哀的失败。"

你可能在想："等等，我不知道自己有什么目标，我不知道自己长大以后想要成为什么样的人。"我已经长大了，但我仍然不知道自己想要成为什么样的人——这也许会让你觉得好受些。我所说的"目标是灯塔"并不是说，要决定未来的所有细枝末节，比如选择自己的职业或者决定自己的终生伴侣。我只是说，要让眼光超越今天，决定你希望自己的生活向哪个方向发展，这样一来，你所迈出的每一步始终都是沿着正确的方向。

• 人生的十字路口 •

也许没有意识到，但你一直在这样做。也就是说，先定目标后有行动。在盖房子之前，你会设计蓝图。烤蛋糕之前，你会阅读菜谱。写论文之前，你会拟订提纲（至少我希望你会这样做）。这是生活的一部分。

现在，让我们运用你的想象力，体验"目标很重要"的感觉，找一个你能独处而不受打扰的地方。

好了，现在，抛开一切念头。不要操心学校、朋友、家人，或者

你额头上的那个小脓包。你只需跟着我集中精神，深呼吸，敞开思想。

在想象中，你看到有个人从大约半个街区以外向你走来。起初，你看不出这是谁。随着这个人越走越近，你突然意识到（信不信由你），这就是你。但是，这不是今天的你，而是你所希望的自己在1年后的样子。

现在，认真想一想。

在过去的1年里，你是如何生活的？

你的内心感觉如何？

你看上去是什么样子？

你具有哪些特点？（记住，这是你所希望的自己在1年后的样子。）

现在，你可以回到现实中来了。如果你是个遵守游戏规则的人，而且真的试做了这个实验，那么你也许就会接触到更深层的自我。你知道了自己重视哪些东西，也知道了自己在今后1年里希望实现哪些目标。

确定目标，是帮助你梦想成真的有效方法。

事实上，让眼光超越今天可能真是相当激动人心的，它能帮助你把握自己的生活。

定下目标为何如此重要？我会告诉你两个很充分的理由。首先，你正处在人生中的一个关键的十字路口，你现在选择的道路可能会影响你的终生。其次，如果你不决定自己的未来，别人就会替你这样做。

让我们看看第一个重要理由：

好了，这就是你。你年轻、自由，全部生活都展现在你面前。你站在人生的十字路口上，你要选择自己该走哪条路：

你想上大学还是研究生院？

你将对人生持什么态度？

你应该参加哪支运动队的试训？

你想拥有什么样的朋友？

你会加入流氓团伙吗？

你想约会交什么样的朋友？

你会喝酒、抽烟吗？

你会选择什么样的职业方向？

你希望与家人建立什么样的关系？

你会有什么样的主张？

你将如何为自己的社区尽一份力？

你现在选择的道路可能会影响你的终生。我们在如此年轻气盛的时候就要作出这么多至关重要的决定，这既让人害怕，又令人兴奋，但生活就是这样。想象一下，你的面前是一根80厘米的长绳。每1厘米都代表你生活中的1年。青少年时期只有12年，这段绳子真是很短，但这12厘米会对剩余的68厘米产生强烈影响，这种影响也许很好，也许很糟。

我的目标在哪里

青少年的生活简单而快乐，他们不用考虑社会中的残酷竞争，也不用为了生计而奔波劳碌。在这种单纯环境下长大的孩子，一般都不会过早地为未来打算，也不会为自己设立一个远大而宏伟的目标。很多人一生忙忙碌碌却成绩平平，就是因为没有及时地为自己订立人生

目标。人生的目标就像沙漠中的地图，只要你愿意，你就可以自己描绘。事实上，我们每个人的命运都掌握在自己的手中，远大的目标能激发人的潜能。面对理想，你要牢牢抓住，别让他跑掉，当夜幕降临，仰望星空，你可以尽情遐想，假如我的梦想能够实现，我将会多么幸福，多么幸运。

埃德蒙斯曾经说过："伟大的目标构成伟大的心。"一个人想要成就伟大的事业，必须先为自己树立一个伟大的目标，之后才能产生伟大的动力，进而驱动伟大的行动，最终成就伟大的事业。有目标的人才有机会成功，但成功也分大小，小目标只能取得小成功，而大目标能获得大成功，为此，青少年朋友们，请为自己设定一个远大而宏伟的目标吧，这样等待你们的必然是伟大的成功。

唐朝贞观年间，一匹马和一头驴生活在长安城西的一家磨坊里。在这里，马负责给主人拉车运货，驴则负责给主人推磨。由于马和驴长时间生活在一起，因此它们成了一对非常要好的伙伴。后来，马被玄奘大师选中，接受了一项艰巨的任务，与大师一起前往天竺国大雷音寺取三藏真经。

在经过了13 年的艰难跋涉之后，马跟随玄奘大师回到了长安。大师受到了重赏，而马也被人们精心打扮一番与大师形影不离，跟随大师去全国各地讲经。不久，朋友见面，马跟驴谈起了旅途的经历：浩瀚无边的沙漠、高入云霄的峻岭、火焰山的热浪、流沙河的黑水……驴听了神话般的故事，大为惊异，吃惊地说："马大哥，你的知识多么丰富呀！那么遥远的路程、那种神奇的景色，我连想都不敢想。"

马想了想，不无感慨地说："老弟，其实这几年来我们走过的路程是差不多的。"

驴听了这番话不解地问道："怎么会，我可是一点见识都没长啊！"

马语重心长地对驴说："你想，我在往西域走的时候，你不是一天也没有停止拉磨吗？不同的是，我同玄奘大师有一个遥远而明确的目标，始终按照一贯的方向前进，所以我们开了眼界，而你却被人蒙住了眼睛，一直围着磨盘打转，所以总也无法走出这个狭隘的天地。"

从这个小故事中，你们可以知道，一个人如果没有远大的目标，不管是在生活中，还是在学业上，都只能随波逐流。有人曾说过："世界上最贫穷的人并不是身无分文的人，而是没有大目标的人。"一个人想要成功就要想别人之不敢想，做别人之不敢做，所以，每个青少年都应该胸怀天下，为自己设定远大的目标。古罗马哲学家小塞涅卡说："有些人活着没有任何目标，他们在世间行走，就像河中的一棵小草。

他们不是在行走，而是随波逐流。”不想当元帅的士兵，不仅永远当不上元帅，更无法成为一个好士兵。没有大目标的人就如井底之蛙一般没有远见，只能待在井底。大目标会告诉人们能够得到什么东西，会召唤人们采取积极的行动。当我们心中有了一幅大目标的宏图，我们就能从一个成功走向另一个成功，得到一个又一个快乐。

面对理想，你要马上行动，别只想不做。当太阳升起时，你要明白今天干什么？一个个小目标的实现，一次次成功的体验，才是通向梦想的天梯。

有一个几岁的小男孩独自在洒满月光的后院里玩耍。年轻的妈妈在厨房里洗碗，不断听到儿子蹦蹦跳跳的声音，觉得很奇怪，便大声问他在做什么？儿子天真地大声回答：妈妈，我想跳到月球上去！年轻的妈妈没有责怪儿子不好好学习，只知道瞎想，妈妈说："好啊，不过一定要记得回来哦，不然我会想你的。"这个小男孩长大后真的"跳"到月球上了，他就是人类历史上第一个登上月球的人——美国宇航员尼尔·阿姆斯特朗。他登上月球的时间是1969年7月16日。

青少年时代是人生的黄金时代，有理想才会有希望。许多有成就的科学家、文学家都是在青少年时期打下坚实的基础。法国微生物学家巴斯德18岁时写下一句名言："立志是事业的大门。"伟大的文学家高尔基说："一个人追求的目标越高，他的才能就发展得越快，对社会就越有益。"一个人如果把眼睛仅仅局限于伸手可及的小目标，只会使自己顾及眼前利益，鼠目寸光。只追求小目标的人必然会面对这样的悲剧——所作所为只是在空耗青春。

小帖士

三个注意事项

树立远大目标应该注意这些危险的障碍。

注意事项1：不要好高骛远、不切实际

青年人在为自己设定目标时，一定不能好高骛远、不切实际，就好像有些人在考大学时，明明只能上个普通本科，却非把北大、清华作为自己的目标，这就叫志大才疏、好高骛远。

注意事项2：要克服从众心理，彰显个性

如今的青少年都是多才多艺的，有人擅长体育，有人擅长音乐，有人擅长数学，有人擅长语文，正如大自然中有多种色彩的花儿一样，青少年也有着各种各样的个性，而社会对人才的需求也是多种多样的，文臣武将，各有特长。确立自己目标的时候，一定要对自己进行一番分析，适合艺体的同学，就树立艺体目标；适合文化的，就树立文考目标，切不可跟着别人跑，忽略了自己的个性和特长。

注意事项3：要有恒定性和渐进性

俗话说有志之人立长志，无志之人常立志。目标既定就不能朝令夕改，否则你将一事无成。《韩非子·喻志》上说："天下之难事必作于易，天下之大事必作于细。"这句话的意思就是告诫青少年朋友应该把远大的目标化为若干个小目标，每一个小目标实现了，就向大目标靠近了一步。

将理想进行到底

法国著名作家纪德曾经说过："没有目标的生活是向机会投降。"

目标对每个人都很重要，但并不是每个人都会设定人生或生活目标。在人生的一站站旅途中，目标就是我们要到的目的地。如果你连自己要去哪里都不知道，那你的人生注定只能在迷茫与漂泊中度过。科学家曾经做过一个实验，把一些毛毛虫首尾相连，放在花盆边沿上，然后毛毛虫一条挨一条地爬行转圈，它们就这样无休无止、乐此不疲地转着。毛毛虫没有思想，不会思考，所以只能盲目前进。在我们的生活中，有多少人像毛毛虫一样一年到头辛苦地打转，却不知所为何事，更谈不上人生的成就，这就是没有目标造成的悲哀。

犹太人从小就会为自己的人生设下远大的目标，这与他们民族的经历和严峻的生存环境有关。也正是因为这些，许多犹太人会为了攻克一个目标而集中所有的时间和精力，犹太人的成功也就是在一个接一个地达到目标。其实，成功的道理很简单，就像一位百发百中的射手，假如他没有目标地乱射，那他可能什么也射不中。

其实，成功不仅靠人们善于思考的头脑，还在于他们在为自己确立奋斗目标后，一点一滴地努力。目标决定了人的一生，能激励人不畏千辛万苦，充分发挥其潜在能力。在确立目标时注意切合个人实际和环境，不可把自己的奋斗目标确立在可望而不可及的位置上。

爱因斯坦被誉为20 世纪最伟大的科学家，他一生所取得的成就是被世界公认的。1952 年，以色列鉴于他卓越的科学成就及其颇高的声望，决定在第一任总统魏兹曼逝世后，邀请他接受总统职务。爱因斯坦婉言谢绝了，他坦然承认自己不适合担任这一职务。确实，爱因斯坦是一位伟大的科学家，他终生努力奋斗才实现了这个目标。

爱因斯坦出生在德国一个贫苦的犹太家庭，由于家庭经济条件不好，加上自己小学、中学的学习成绩平平，虽然有志往科学领域进军，

但他有自知之明，知道必须量力而行。他进行自我分析：自己虽然学习成绩平平，但对物理和数学很有兴趣，这两科成绩较好。自己只有在物理和数学方面确立目标才能有出路，其他方面是不及别人的，因而他读大学时选读瑞士苏黎世联邦理工学院物理学专业。

由于奋斗目标选得准确，爱因斯坦的个人潜能得到了充分发挥，他在26岁时就发表了科研论文《分子尺度的新测定》，以后几年他又相继发表了四篇重要科学论文，发展了普朗克的量子概念，提出了光量子除了有波的性状外，还具有粒子的特性，圆满地解释了光电效应，宣告狭义相对论的建立和人类对宇宙认识的重大变革，取得了前人无法比拟的显著成就。确立奋斗目标对于爱因斯坦有着重要的意义。假如他当年把自己的目标确立在文学上或音乐上（他曾是音乐爱好者），恐怕就难于取得像在物理学上那么辉煌的成就了。

为了避免耗费人生有限的时光，爱因斯坦根据目标的需要进行学习，使有限的精力得到了充分的利用。他创造了高效率的定向选学法，即在学习中找出能把自己的知识引导到深处的东西，抛弃使自己头脑负担过重或是将自己诱离要点的一切东西，从而使他集中力量和智慧

攻克选定的目标。他曾说过："我看到数学分成许多专门领域，每个领域都能费去我们短暂的一生。……诚然，物理学也分成了各个领域，其中每个领域都能吞噬一个人短暂的一生。在这个领域里，我不仅学会了识别出那种能深化知识的东西，而且把许多充塞脑袋、偏离主要目标的东西撇开不管。"他就是这样指导自己的学习。

为了阐明相对论，他专门选学了非欧几何知识，这样的定向选学法，使他的立论工作得以顺利进行和正确完成。

如果他没有意向创立相对论，是不会在那个时候学习非欧几何的。如果那时候他无目的地涉猎各门数学知识，相对论也未必能这么快就产生。爱因斯坦在10 多年时间内专心致志地攻读与自己目标相关的书并进行相关研究，终于在光电效应理论、布朗运动和狭义相对论三个不同领域取得了重大突破。

目标是神奇的，它能激发人的内心力量，让人全力以赴、把握坐标、坚定方向。人的一生就是一个不断求索和前进的过程。在这一过程中，前进的动力来自于对既定目标的追求与向往。

中国梦：你的梦，我的梦

"你热爱祖国吗？"

听我这样问，你一定特不屑地说："您这话问的也太没水平了，谁不热爱自己的祖国呀！"

可是，热爱祖国，你又是怎样做的呢？

1990年5月，北京市中学生梁帆赴荷兰参加国际少年儿童联盟活动。当他和其他国家的少年儿童一道兴致勃勃地来到会场时，却发现会场

四周悬挂着参加这次活动的各个国家的国旗，唯独不见中国五星红旗。梁帆顿时如同丢失了一件最珍贵的东西，高兴劲一下子全没了。他立即向会议主办方提出抗议：“为什么这里没有悬挂中国的国旗？我是代表中华人民共和国的少年儿童来参加活动的，我代表中国！有我参加，就应该有五星红旗！”

会议主办方负责人歉意地对梁帆解释说，由于时间仓促，一时找不到中国国旗，因此没有挂，但他保证将尽快解决好这件事。梁帆对这种解释并不满意，于是拒绝拍摄缺少五星红旗作为背景的活动照片。后来，大会主办方终于找到了一面五星红旗，并把它挂在会场上，梁帆这才面带笑容，愉快地参加了大会的活动。

你看，一个15岁的中国学生，身处异国他乡，却时刻牢记自己是祖国的孩子，处处维护祖国的尊严，维护国旗的尊严。他心中非常明确地知道，在全世界面前，我来自中国，我就代表中国。

的确，热爱祖国的人心中总会涌动这一股强大的力量，这种力量就是自信。

汤玫婕被发现、被接受，正是源于她爱国的这份自信。

在华盛顿举行的一次经济论坛上，汤玫捷被邀请旁听。论坛的演讲者基本都是耶鲁大学的资深教授，谈中国问题的专家也是一位外国人，不巧的是，当天他没能到场。汤玫捷看到了这个缺席的座位，大

胆地认为，自己作为一个地地道道“中国制造”的中国人，并且又在美国作了交流学习，应该具有这方面的发言权；另外自己对中国经济研究问题作过细心调查，取得了一些学术成果，于是，她勇敢地向论坛主办方提出：我能完成关于中国问题的演讲。我对新鲜事物比较感兴趣，我能否申请发言？她的申请被当场获准，她的演讲更是获得极大的成功。也正是在这一刻，美国人的目光锁定了这位中国女孩！她为祖国争了光！“我的一举一动，就代表了中国。”正是这一崇高的责任感，一直激励身在海外的汤玫捷，“你要是问我：什么最重要？我的回答是：祖国最重要！你要是问我：怎样做才是爱国？我的回答是：爱国就像爱生命，热爱祖国，就要珍惜祖国的荣誉，维护祖国的尊严，谨慎规范自己的言行举止。因为在世界面前，你就代表中国！”

梦想和希望：铜墙铁壁也不能阻挡的力量

人类最神奇的力量莫过于梦想了。如果把人类历史上梦想者的事迹删去，剩下的那些肯定是枯燥无味的。梦想者是人类的先锋，毕生劳碌，不辞艰辛，为人类开辟出平坦的大道来。现在的一切，不过是过去各个时代梦想的总和，是过去各个时代梦想的现实化。

飞上天空曾经是人类的梦想，勇敢的罗杰斯先生驾驶飞机，飞越了欧洲大陆。

电报没有被发明之前，也是人类的梦想，莫尔斯竟把这一梦想实现了。从此后，世界各地消息的传递，变得多么便利。

马可尼实现了无线电这一惊人梦想，他使航行在惊涛骇浪中的俄船只一旦遭受灾祸，就能发出求救信号。

对世界最有贡献、最有价值的人，就是那些目光远大、有先见之明的梦想者，把常人看来做不到的事情变为现实。

有了梦想，才有希望，才能激发潜能。树立希望后，人的思想和情感会变得坚定不移。希望具有鼓舞人心的创造性力量，鼓励人完成自己的事业，它又是才能的增补剂，增加人的才干，使一切美梦成真。

梦想和希望，常常是未来的预言。有许多人容许它慢慢淡漠下去，殊不知，坚持下去就能实现。

没有来自内心的渴望，不可能成功。渴望的力量是强大的。它的强大体现在不以世俗的眼光作为标尺来衡量对与错，而是以自身价值的体现、热情和满足感作为基准来衡量自己人生道路。那些选择了布满荆棘、充满艰辛之路的人，或许在未来的某一时刻将成为众人仰视的榜样。

而那些每一瞬间都做出看似最合理、最优化决定的人，聪明一世，最终未必能够得到最好的结果。因为他们没有来自心底渴望的力量，感受不到它带来的快乐。

青少年应该跟着希望前行，跟着梦想前行，跟着激情前行。激情的英文单词“passion”出自表示疼痛的”passio”。是的，激情总是伴随着痛苦。那份痛苦来自放弃，来自为实现梦想而舍弃暂时安逸的抉择。史蒂夫·乔布斯曾经说过：“活着只为改变世界。”他的话可谓道出了成功的真谛，没有对事业的极致追求，人便不可能获得持续的成功。

只可惜，大多数人并不能理解成功、金钱与内心渴望之间的关系。

• 人生之路仍尚早 •

活到现在，你感觉人生的路走了多少呢?

如果你对这个问题有些不知所措的话，我们不妨换个角度重新问一次。如果将人从出生到死亡的时间比作一天的24小时，那么，你觉得自己现在正活在几点钟?是晨曦微露还是温暖和煦的清晨，亦或是烈日当头的正午?刚上高中的你，是不是觉得自己正处在温暖的清晨，马上准备去上学的七八点钟?

我们不妨拿出计算器计算一下。假设你现在15岁，又假设人的平均寿命是80岁，那么15岁相当于几点呢?告诉你，是凌晨4点30分。

是的，是凌晨4点30分。刚上高中的15岁顶多就相当于凌晨4点30分。

此时此刻，很多人还在睡梦中正做着美梦呢。少数人可能刚刚起床，为崭新的一天做准备。

那么。十年后大学毕业踏入社会的25岁，相当于早上7点30分。是正要出门上班的时刻。

人生时钟的计算方法十分简单。24小时相当于1440分钟，而将此分成80年，每等分就是18分钟。1年相当于18分钟，10年相当于3个小时，以此类推20岁是早上6点。我们计算的人生时钟前提是将80岁设定为人的平均寿命，而随着未来平均寿命的延长，每个人人生时钟的跨度都将增长，单位时间也将变得更加宽松。

许多人不知道1913年在52岁时获得诺贝尔文学奖的印度诗圣泰戈

尔画画儿的故事。泰戈尔从70岁开始学画，现在被称为印度近代绘画的先驱者，开创了人生的幸福领域。没错，夜幕渐临的晚上9点并不意味着不可以再转换方向，有新的作为，仍然有许多未知的全新世界等待去探索。何况你呢？

将人生时钟介绍给其他人时，大多数人都会流露出惊诧的表情——他们都不敢相信人生时钟要比想象中来得早。当我对即将年满50的前辈说出："您现在才处于下午3点哦"，对方会立即掰着手指掐算，惊呼"是啊，真是啊！我以为自己已经走过很长一段人生，可现在才仅仅下午3点啊！"

没错，人生之路仍尚早。如果早上醒来，发现比别人已经慢半拍，不要焦虑和担心，因为这并不意味着会毁掉一整天。在人生的起跑线上快一步慢一步，并不对未来起决定性的作用。有些人抱着"我已经来不及了"的态度自暴自弃，纯粹是一种自欺欺人。切记不能为自己制造放弃或者逃避的借口。你现在所处的时间段还很早，现在你拥有大把的时间，未来悬而未决，没有什么不可能。

记得电影《本杰明·巴顿奇事》中有一句台词："人生从不会嫌太年轻或者太老，一切都刚刚好。"

• 设定目标八戒——为何要知道该去的地方 •

设定目标是消耗时间的事情。设定目标只需少量时间。它能缩短完成目标的大量时间。

年初设定目标最好。生活中没有彩排。没有比“现在”更好的时间。设定目标不是定时，而是决断。

脑子里有目标就行了。看不见就会变得遥远。好记性不如烂笔头。只有用文字写下来，目标才不会从脑子里消失，才能立即付诸行动。

设定长远目标是浪费时间。明天即将变成今天，未来总有一天要变为现实。制定长期目标和计划决不是浪费时间。

要想成功，计划必须完美无缺。无论怎样出色的计划也不能代替实践。即使计划不完美，也应该先付诸行动，然后再修改完善。

认真干活最重要。认真工作很重要，但寻找新的方法有效地工作更重要。这样才能用较少的努力和时间获得更多更快的效果。

不用别人帮助，自己也能做到。没有一个人能够独自获得成功。要想获得更大的成功，就必须研究获得更多人帮助的方法。

只有大事才需要目标。打扫卫生、购物、休闲活动等日常生活也需要目标。如果养成“今天的目标是什么”的习惯，明天就会出现变化。

每当读到以上八戒，就仿佛有一股电流击过身体，精神一下为之亢奋。这些戒律都不容易做到，是因为这等于放弃散漫的生活方式，向着规则前进。如果你有勇气将这八条戒律都接受并做到了，你真是了不起。

成功学大师希尔对一些领域的成功者进行调查发现，共同点都是具有坚定不移的目标，以及对目标的执着性。这一点与他们的天赋和任何特性无关。

没有目标就不可能成功。不确定成功是什么，也绝不可能取得成功。因此，知道应该走向何方非常重要。让我们来分析一下目标对生活起到怎样的作用？

1. 为选择提供坚实的指针。我们的时间是有限的，而要选择的事情很多。目标将使我们把焦点集中在实现愿望的行动上，并帮助我们不在没有价值的事情上浪费时间。内心具有“要做这个”的强烈欲望时，“不做那个”就变得容易起来。

2. 逆境中不轻易放弃。神经科医生佛朗克尔在电影《死亡集中营》中评价在纳粹集中营中坚持活下来的人时说：“他们不是最强壮的人，不是营养状态最好的人，不是智能最优秀的人。他们是具有要活下来的强烈愿望和目标的人。目标为他们持续地提供了强烈的愿望和动力。”

3. 减少厌烦感，增加成就感。做事没有目标，事情的成败就无法确认，也就很容易感到厌烦。即使是整理房间这样的小事，如果确定了目标，做起来就不会厌烦，而且还会有达到目标的成就感。

4. 能帮助找到有效的解决方法。确定了目标，就会重新认识与目标有关的周围事物，就会发现必要的信息，就会产生新的思路。我们的大脑具有过滤的作用，会有选择地关心那些感兴趣的信息。在心理学上，这叫作“有选择的注意”。

生活中没有目标，犹如足球场没有球门，射箭场没有箭靶。没

有球门和箭靶，也就谈不上进球和命中。因此，明确的目标是十分必要的。

• 写成文字的目标更有威力 •

1953年，耶鲁大学的一个研究组进行了一项调查，内容是当年毕业的大学生有多少人把自己的生活目标写成了文字。结果发现只有3%的人这样做。

20年以后的1973年，研究组对这些毕业生进行跟踪调查发现，把生活目标写成文字的3%的毕业生所拥有的财富，比其余97%的人加在一起的财富还要多得多。

哈佛大学的研究成果也与此相类似。80%的学生没有专门设定目标，15%的学生只是在脑子里想过这个问题，只有5%的学生具有明确的目标，并把它写成文字（设定截止时间）。从这5%的学生获得成就来看，他们不仅超过了自己的目标，而且其成果大大超过了其他95%的学生加在一起的成果。

成功在大小而不在早晚。人生是由大大小小的曲折所组成的。在人生接近终点的时刻，如果能够欣慰地说一声“我所取得的最大成就是……”，肯定比说“30岁前我比别人过的要好”有意义的多。

如果要推选活着的人中最伟大的，大多数年长者会投票给曼德拉。1982年，全球53个国家的2000名市长都为争取曼德拉的获释签名，向南非政府请愿——这个世界上只有他，被誉为“世界总统”——他一生几乎都在监狱中度过，年届中年的他，在书桌上，借着走廊上长明灯的昏暗光线，曼德拉利用深夜的时间学习了伦敦大学的课程，自学了

阿非利卡语和经济学，并偷偷完成了几十万字的回忆录。

试想，如果曼德拉也像如今的年轻人一样浮躁和急于求成的话，又会有怎样的结果呢？会更快成为总统会更早获得诺贝尔奖吗？我相信不会。人生的道路上，重要的不是你的步伐有多快，而是你走的有多远，最终实现了怎样的目标和梦想！

• 没有爬不上去的树 •

我对数学没有自信。

虽然我决心早晨起来跑步，但难以坚持一周。

我提了7次建议，但都遭到了拒绝。

我想学做饭，但从来超不过三天。

在这样的时候，有一种想法会诱惑我们，那就是“放弃”。我们为了获得些什么，每天都会有很多想法，有的人为了提高学习成绩，决心要好好复习和预习；有的人表示每天早晨跑步30分钟以保持健康；有的人声称为了保持苗条的身材，坚决不吃零食和夜宵。但是，真正遵守自己的决心并坚持到底的人并不多。正因为如此，有的学生学习成绩不好，有的人不能保持健康，有的女性没有苗条的身材。

许多人在大大小小的障碍面前轻易地屈服了，但也有人坚持到底并终于达到自己的目标。想得到些什么，又不敢去做，其原因就在于事先给自己划定了一条界线，并认为那样生活才平安稳妥。

松虫必须吃松叶吗？

有一句俗话说：“爬不上去的树，看都不用看。”此话的意思是说，

对于不可能的事情，应该早早地断绝念头，对于自己做不了的事情，想都不要去想。

许多人自己给自己的可能性划定了界限，甚至放弃了自己的理想。在他们的脑子里有一种根深蒂固的观念，认为选择过分的理想是不明智的。有句俗话说："松虫要吃松叶才能活"。此话的意思是说，人应该恰如其分地生活，超过界限就会狼狈不堪。如果有人仍然把这句俗话当作座右铭，那么就应该想一想，为什么吃了几十亿年松叶的松虫到现在还没有进化，仍然是只能吃松叶的虫子呢？许多人认为要根据自己的"分量"生活，但我却不喜欢生活在"分量"以下，而觉得努力培养"分量"才是英明的。

"爬不上去的树，看都不用看"的俗话有一定的道理。因为在某些方面，我们每个人都有一定的限度。但是，我们不能把还没有试着爬过的树就当作"爬不上去的树"。没有试着爬，就没有资格说那是"爬不上去的树"。已故的现代集团董事长郑周永生前常常责问那些事先就划定界限的员工："你试着干过了吗？"

不爬就不会摔下来吗？

在这个世界上，许多人从一开始就放弃了自己的理想，也有人在试验几次后中途放弃了理想。据说，推销汽车和保险的销售人员中，有90%的人中途退出。那些中途退出的人就像伊索寓言中的狐狸那样为自己打圆场："这工作对我的生活并不重要。""我本来就不愿干这件工作。"

有一次，一名毕业生对我说，他正在做推销保险的工作，但做了25次，没有签订一份合同，他打算不干了。我问他："要做几次才能签

一份合同？”开始他说不知道。我让他估计一下，他犹豫半天后说：“大概要做50次。”我对他说：“你已经做了25次了，再失败25次就能够成功了。”望着他大吃一惊的神情，我给他讲了一个故事。

快餐连锁店肯德基的创始人山德士65岁开始他的创业，70多岁才成为富翁。他对炸鸡事业雄心勃勃，在全国各地推销他的炸鸡法，包括他的朋友在内的许多人对他的想法都摇头，认为绝对不可能成功，劝他早点放弃。在遭到了1009次的拒绝后，他终于获得了成功。我对那位毕业生讲这个故事的时候说，每当你听到“No”的时候，你就离“Yes”走近了一步。

你是否认为已经完全失败，没有必要再试一次？你遭到的拒绝已经像山德士那样超过1000次了吗？

中途退出的真正原因是什么？是内心存在的对失败的恐惧。我们从小就受到这样的教诲：“不要动辄放弃，应该先试试。”这样的话听得耳朵里都起茧子了。但是我们内心却依然喜欢“做不了的事干脆早点放弃”这样的话。究其原因，在于我们的内心存在着这样的想法：一旦制定了目标，就要试着去争取，争取就必须获得成功，而成功看来是不可能的。

放弃理想的另一个原因是认为不做就没有失败，避免失败、安定生活的唯一方法是什么也不做。其实，走出家门就可能跌一个跟头，也可能被汽车碰着，还可能与别人吵上一架。但是，没有人会因此永远不出家门。因为在家里也许能避免一些小的失败，但却不能体会到生活的各种乐趣。同样，不爬树就不会摔下来，但是，你永远也看不到树下展现的美丽风景。

不爬就不会摔下来。然而，不要忘记，如果在球场上害怕失败而

不敢射门，永远只能吃零蛋。

不要惧怕失败

有的人学习骑自行车比别人快得多，原因很简单，他不怕摔跤。而有的人害怕摔跤，所以就学不会骑自行车。

很多人认为“失败是成功的对立面，是坏事”。其实失败不是成功的对立面，也不是坏事。失败和成功都是过程中出现的，就像本垒打和出局都是同样的行动，是棒球比赛过程中的结果。如果认为失败是坏事，就会逃避可能出现失败的情况本身，也就根本不会去进行新的尝试。翻开新发明和新成果的历史就可以发现，它们的初期充满了假设、构想和失败。

一名记者在采访发明电灯的爱迪生时问他：“爱迪生先生，您为了发明电灯进行了几千次失败的试验，您是怎样看待这一问题的？”爱迪生回答说：“我从来没有失败过，而是发现了几千种不能制造电灯的方法。要想获得好结果，就必须经过充分的试验。”在失败中学习的态度使爱迪生成为世界最著名的发明家。

我们可以在失败的时候学到很多东西，问题不在于失败，而在于对待失败的态度。胜利者和失败者的差异就是在“对待失败的态度”中表现出来的。胜利者通过失败学到了“走向成功的方法”，而失败者学到的是“远离成功的方法”。

如果爱迪生当初就认为制作电灯是不可能的事情，将会怎样？如果他试验了100次就放弃，又会怎样？值得庆幸的是他试验了几千次，而且在经过大量的失败后找到了新的方法，取得了成功。

即使你认为所有的可能性都已经试验过了，也不要忘记这样一句话：“可能性仍然存在。”

当你想放弃的时候，想想他们

迈克尔·乔丹：从上小学时开始打篮球，12岁当选为最有价值球员，高中时入选校代表队。以此为契机，为了证明自己的实力，他不断努力，最终成为世界最高水平的篮球运动员。

拉莫尔：他是一位畅销书作家，写过100多部西部小说。他的第一部小说曾遭到300次退稿。后来，他写作的历史小说为国家做出了贡献，并得到了承认，成为第一个获得国会颁发特别勋章的作家。

杰克·坎菲尔、马克·汉森：《心灵鸡汤》一书曾遭遇33家出版社的退稿。这些出版社称没有人会读这本书，然而，这本书却被翻译成了多种语言，销售了上千万册。

史蒂夫·乔布斯：在创立苹果计算机公司前，他因为没有专科学校的学历而遭到几家公司的拒聘。最后，他成功地把自己的构想变成了现实，创办了苹果公司，第一年的销售额就达到250万美元。

史泰龙：他学习成绩不好，曾转学多次。他想成为一个演员，但多次遭遇失败。为此，他写了一部电影剧本，并以自己当主演的条件与多家电影公司协商，均遭拒绝。最终他创作的电影获得了成功，收入达到1亿美元，他也由此成为世界级明星。

• 既要雄心勃勃，也要有具体目标 •

许多人一说起“目标”来，就认为应该是既庞大又远大的。也正因为如此，许多人或者根本不设定目标，或者设定了目标也无法实现。我们所需要的不是庞大的、远大的野心，而是具体事情上的哪怕是很小的事情上的能够实现的目标。为此，有必要正确地、具体地认识目标。

心理学家提醒人们在设定实现可能性大的目标时采用“SMART规则”。这一规则的意义在于，目标必须具体（S）、能测定（M）、以行动为中心（A）、现实（R）和有一定的时间范围（T）。

S：必须具体明确（Specific）

避免模糊的不明确的目标。诸如“早晚要成为一个富翁”、“要在本领域成为领军人物”等模糊的目标，实现的可能性很小。什么是富翁？什么是领军人物？如何实现？“早晚”是什么时候？

目标越具体明确，实现的可能性就越大。目标越具体，对目的地的认识就越清晰，就越容易到达。例如，如果设定“我要在35岁的最后一天前储蓄200万元”、“3年后考上理想的高中”这样的具体明确的目标，就比较容易实现。在设定目标时，要明确确定时间、地点、任务、方法、程度等。例如，不要设定“进行体育活动”这样的目标，而要设定“今天下午3点前登上山顶”这样的具体目标。

画画的时候，如果有实物放在眼前，画起来就比较容易。同样，如果目标具体，就会减轻心理负担，立即着手实施。同时，由于实施过程非常明确，达到目标也就变得容易一些。

M：必须能进行测定（Measurable）

如果一个想减肥的人设定的目标为“身材苗条”，就很可能在减轻体重方面遭遇失败。其原因在于测定和判断自己行动结果的标准太模糊。我们该怎样测定是否达到了自己设定的目标？必须要有证据，必须通过五官鲜明地观察到变化的程度。

如果把不可能测定的“身材苗条”目标改变为“一个月减1公斤，5个月减5公斤”这样可测定的目标，实现的可能性就会大为提高。同样，如果把“提高英语能力”改变成“一天背诵10个单词，一个月背诵300个单词”，实现的可能性也将大为提高。其原因在于，只有把目标分解为可以确认和反馈的数字，才能正确地把握实现目标的过程。

如果要减轻50公斤的体重，就在磅秤上贴上一张纸条，纸条的横向上记录体重，纵向上记录日期，同时在要达到的目标体重下划条红线。然后每天称体重，用蓝笔记录下有关数字，以此观察变化的过程。这样一来，可以正确地把握体重的变化，从而比较容易地决定调节当天的饮食量和运动量。

A：以行动为中心（Action-oriented）

目标不应成为思考的中心，而应成为行动的中心。如果你把目标设定为“做一个亲切的人”，实现这一目标就很难。因为这一目标没有提出明确的行动。这一目标应该修改为“从今天起，每天至少一次

微笑着与过去从不打招呼的同学打招呼”。这样的目标就是以行动为中心了。如果你想存钱，那么，“不浪费钱”的目标就是以思考为中心的，而“每星期六到银行存10元以上”的目标就是以行动为中心的了。

仅在脑子里构思是不能写书的。如果设定了写一本书的目标，就应该找到当天应该干的事情，或者确定一个题目，或者收集资料，或者把脑子里的构思写下来。光靠脑子里的想法是不能实现任何目标的。任何目标的实现都只有通过行动。因此，要想获得成功，必须设定以行动为中心的目标，而不是以思考为中心的目标。

R：必须能够实现（Realistic）

在设定目标时，应该从具体的、能够实现的、小的事情上做起。我在攻读硕士学位的过程中，在外语的资格考试科目中曾两次不及格。第三次，我先购买了大学自习书中最容易的一种，把一天能学习的最少份量作为每天的目标，一星期后，我达到了目标。然后，我每天增加份量，顺利地学完了这本书。之后，我又学习了一本英语读解参考书，终于通过了考试。

制定了要举起150公斤杠铃的目标后，如果立即就去举，也许会把

腰折断。所有的阶梯都是一步步爬上去的。要实现一个大目标，必须把它分解成可能实现的几个阶段，逐步地加以攻占。

T：适当地分配时间（Timely），并立即行动

失败者的一个特点是不能适当地分配达到目标所需的时间，同时不能立即动手去做。要想达到目标，应该适当地分配时间，并立即行动。在这方面，以下几点值得考虑：第一，设置截止时间，但不要把所需时间规定得太短。有时，一个漂亮的计划和目标之所以不能实现，原因之一是确定的时间太少。突发性的事情是常常会发生的，因此，在确定所需时间时必须考虑到这一点，把时间定得略微宽松些。第二，也不能把截止时间定得过长。定得太短不好，定得太长也不利于达到目标。人们一般是按照截止时间来调节自己的行动的，如果时间富裕很多，就容易出现懈怠。人的一个本性是，富裕时间越多，就越会做些无用的事情去填补。这就是“帕金森法则”。第三，一旦设定目标就要立即行动，不能以“有时间再做”或“过段时间再说”来拖延。至少，计划的开始部分必须立即开始执行。如果你制定的目标是在30岁之前储蓄200万元，那么今天就应该立即储蓄哪怕是10元。如果你的目标是写本小说，那就不要再说什么“有空就写”的话，而应马上开始写起来。

确定目标后，最重要的是行动力。将今天该做的事，这周走该完成的计划，这个月该达到的目标等等，确保能一步步完成，最终达到充实自己的效果。我的忠告是，在攀爬很长的阶梯时，眼睛不要盯着最顶端的那一阶，而是要专注于眼前最近的这一阶。一个阶段一个阶段走下去，将目标的视觉距离拉近一些，尽可能稳扎稳打，这比好高骛远容易多了。

• 你需要用一定的时间去直面自己 •

人生不会像箭一样朝着你从小设计的目标飞去，也不会像纸船一样被岁月的波流左右，最终流向一个未知地带。因此，在不断思考自己未来出路的同时，要多去体验各种不同的可能，并在遭遇变化时保持足够的变通性，既不墨守成规也不随波逐流。

行进中，有一个不变的事实需要你注意，就是你需要用一定时间去直面自己。不要介入任何事物，将父母的期待、社会大环境、朋友之间的影响等因素全部抛在脑后，正视最本真、最赤裸、最真实的自己。

“我期待的是什么？”

“我做什么会感到幸福？”

“我最擅长做什么？”

“我是谁？”

通过不断自省，从而调整你的蓝图。人生的答案就藏在你的心中。

比学分、经历更重要的是自省

“如果给我八个小时的时间来砍柴，我会将其中的六个小时用作磨斧子。”亚伯拉罕·林肯如此说道。工欲善其事，必先利其器。在任何事情之前，首先要明确目标，知道“为什么做这件事”。不是要盲目发誓“无条件完成”而是在进入正常的生产阶段之前要积蓄足够的力量。即使在进入实际操作阶段后，仍然要时时检讨自己的方法是否正确，留给自己反思和自察的时间。如果手上的抹布原本就是脏的，那么无论你如何卖力气打扫，屋子都只会越擦越脏。

具体到青少年的现实情况，往往他们都做得不足的并非学分、经

历等，而是对于自我的省察。现在的青少年整日忙于获得足够的学分和英语成绩，会费时间在丰富实习经验和深造经历上，对学习方法是否科学、利用时间是否有效率以及自己究竟在为什么努力却没有清晰的认识。反正周围同学都在做，所以自己也不甘落后，或者父母相劝，或者抱着玩玩的态度疲于准备各类课外活动、考试，都是他们常见的理由。

我认为要想支撑起成功这张桌子，必须靠明确的目标、科学的方法、扎实的时间三者来支撑，缺一不可。如果没有明确的目标意识和科学的方法，一切努力都将付之东流。但很多年轻人总是觉得目标和方法是不切实际、不需要考虑的东西，只是专注在"实践"是否扎实上。

勤奋扎实地实践，累得满头大汗，花了很多苦功夫，其实，这反而是一种懒惰的表现，可以称得上是"勤劳的懒惰"，就是跟着惯性机械地运作，难得回过头来自省。如果没有自我省察，向着错误的目标盲目突进，南辕北辙，只是白费力气。

前辈就是"在同样的黑暗中比自己走在前面的人"

那么，该如何进行自我省察呢？

省察有都思考的意思，所以很多人认为只要认真思考就可以达到省察的目的。但实际上，单纯思考并不能达到省察的目的，比省察更重要的是阅历。所以请多积累人生体验，多读书，多和他人交流分享，

多去旅行。

没有比亲身体验更能让人成长的了。尤其在感受能力敏锐的青春期所积累的经验更是一生的财富。对于省察来讲，体验也是最好的方法，只要不是过分消耗时间和精力的事情，都可以尽可能多地进行体验。

但人生苦短，想亲身体验一切事物是不可能的，所以，我们还可以通过阅读，从书籍、报纸、杂志上品味各色人等的起伏人生。无论是历史、采访、传记等历史真实记录，还是小说式的虚构，社会时事故事都可以给我们提供很多间接经验。你需要多读、多听、多看，而后再对自己进行省察。

与他人交流也是非常有效的经验积累途径。特别是同那些比自己经验丰富或更具有洞察力的人进行交流，往往能让你从中获得巨大的启发。我在校园里仔细观察过一些学生，我发现他们大都十分吝惜同他人的交流。的确，他们经常进行对话，但说话对象大多为好友或关系较近的学长。当然，与同辈及熟人的交流，往往能从对方口中得到对自己所处困境的同情和共鸣，但大家的水平半斤八两，都在相似的道路上彷徨，谁也不比谁高明些，很难得到启发以达到自我省察的目的。这时，更需要来自有经验前辈的指点和启发。

请为自己找一些更好的导师吧。多创造一些机会同有丰富经验的老师、长辈们面对面坐在一起，进行更深入地交流。有一句谚语“走向死亡的老人就是在不断燃烧的图书馆”，他们是活的书本，能提供给你更容易接受和消化的间接经验。

旅行也是很好的契机

在旅行过程中，透过车窗看着沿途陌生的风景时，你或许会猛然

发现原来的自己，那些做对的事情，做错的事情，以及平时隐藏很深的内心原始想法都会清晰地呈现在眼前，让你大惊失色。人在异乡才能超脱原有环境的限制，更客观地看清自己。

旅行的另一个好处便是可以让你换一种角度思考，那些曾经以为理所当然的事情，现在想来也并非那么理所当然。特别是到了国外，看到那些持有完全不同人生观的人时，你会提出本质性的问题："我是为了什么？"甚至原本一直坚守的价值观，通过旅行，你可能对原本的理念提出了疑问。旅行，是发现自我的一个良好途径。

请偶尔停下脚步，思考：

目标，方法，实践。

在人生道路上要想获得某种成就，无论是想获得世俗所意义上的成功还是实现自己怀揣的梦想，都必须具备目标、方法、实践这三个要素。没有目标就没有意义，方法不正确就意味着没有效率，而不实践就等于空想。三者缺其一就会让人生的三角形失去一边，从而无法支撑起成功。

为了达到三者之间的平衡，我们需要不断自我省察，而自我省察就存在于三角形的中心点。

请偶尔停下脚步，用最真挚的眼神反省自己。如果不能周期性地同自己冷静地面对面，那么你进行盲目的努力、度过盲目的人生，是否也很像那发钝的锯齿，有些乏味无力呢？

1. 确定你在事业上取得成功所需要的三种最为重要的技巧。你是否需要更加有条不紊、更加自信地在其他人面前侃侃而谈？是否需要

强化自己的写作技巧？

我在事业上需要的三种最为重要的技巧：

2. 每天回顾自己的目标计划，持续30天（需要这么长的时间才能形成习惯），让它引导你做出所有的决定。

3. 照照镜子，问自己："我是否想和一个像我这样的人结婚？"如果不想，那就努力培养你所缺乏的品质。

4. 去找学校的指导老师或者就业顾问，谈谈就业的现状。接受才能测试，这将有助于你对自己的才能、能力和兴趣爱好加以评估。

5. 就目前而言，你在生活中面临的关键十字路口是什么？从长期看，最佳途径是哪一条？

我所面临的关键十字路口：

最佳途径：

6. 复印"设定目标八戒"，然后与一个朋友或家庭成员逐项讨论。

7. 想想你的目标。你是否已经动笔把它们落实到文字？如果没有，就抽出时间加以完成。记住，如果不落实到文字，目标就只是个愿望。

8. 找出一个别人可能给你起了的不好听的绰号，想想你可以做哪些事情来改变这个绰号。

不好听的绰号：

如何加以改变：

我的训练计划

想想你一天要做多少决定吧！早餐是吃麦片还是面包？你有时间吃早餐吗？衣服是该穿黑色牛仔裤还是蓝色牛仔裤？早点到班里还是要在走廊里多溜达会，这样才能假装碰巧遇到那位特殊人物？是去看电影呢还是打扫自己的房间？（哇！相比而言，有一些决定是很明显要做出的）每天你都要做出很多决定。

对自己提出问题

以下问题，在每做决定前都要认真思考，这样才能保证决策的正确性。

这个决定有多重要？

你的决定影响他人吗？

这个决定是不是有回旋余地？

这个决定是否需要立刻做出？

最后一个问题，你依据什么做出这样的决定？这个决定与你的价值观相符吗？它有助于你实现你的目标吗？它有助于你得到你想要的东西吗？它是不是对许多人都有益处而不只对你一人有益？很大程度上，你所做出的决定主要取决于你的价值观、目标、需要，以及你和其他人的关系。

1. 有些决定是相对__________，对你的生活影响不大，然而有些决定则非常重要。

2. 你应该考虑你的________________对其他人有多大的影响。

3. 有些决定可以是________________；也就是说，如果你想改变就可以改变。

4. 如果要做出一个非常____________的决定，你也许就必须立刻决定下来。另一方面，有时你也可以多花些__________再下定决心。

5. 最后，你应该知道你________________什么做出决定——你的价值观、你的目标，还是你的需要？或者是你与其他人的________________？

1. 次要的、琐碎的；2. 决定；3. 有回旋余地的；4. 紧急，时间；5. 根据，关系

决策表

1. 你要立即做决定吗？

需要

不，不需要立刻决定

2. 这个决定重要吗？

不重要

是日常小事吗？是不是危险？

重要

这个决定是不是涉及到很多人？

这个决定会影响你的成长和学业吗？

这是不是一个需要立刻做出的决定？

3. 你是不是要完全掌握信息后再做决定？

- 时间
- 承诺
- 金钱
- 关系

信息掌握清楚准确吗？有别人的支持吗？

4. 这个决定对你的未来有多大影响，或对你的目标有多大影响？

没有影响！

不好说——或者调整目标？

5. 你做出决定的主要依据是什么？

- 与你想要的吻合
- 与你的价值观吻合
- 与别人没有关系，不需要别人付出代价

你认为哪些重要或不重要

下列行为中哪些是不重要的？哪些是重要的？为什么？

1. 是这件蓝色的还是那件红色的裙子好看？我想穿蓝色的。

快点吧！

2. 这片森林，是40年前的北大荒人种下的树苗养成的。保护地球是我们每个人的责任。

3. 这是化学实验课用的，但这个有危险性，你一定要保管好。

4. 毕业典礼是我人生中的重要一刻，我要认真对待。

5. 我是先做作业，还是把我的小说写完呢？

6. 在这份合同上签字后，就由我来管理你的钱了。

7. 你喜欢足球，如果你带着球队能赢得市中学生足球联赛冠军，你就可能被名校特招。

做决定前要做好信息收集

以下这些人做决策前还要掌握哪些信息？

1. 这辆车太漂亮了，我喜欢，就买这辆车。

2. 明天聚会，就在学校附近找个饭店？

3. 这是奖励你这次考试进步的奖金，你想买什么？

4. 元旦班会想搞个晚会活动，怎么办呢？

5. 周末我们去爬山吧？

6. 我想选于老师的阅读课，很轻松，分数给的高。

7. 我们假期去麦当劳打工吧，又好玩又有吃的，还有钱赚呢。

理智的选择与感性的决断

人做决定，有时会感情冲动，凭直觉做事。但在大事情和重要决策时千万不要把常识抛到脑后。以下这些决定是一时冲动吗？你认为对吗？为什么？

1. 我认为这个广告设计挺好看的，介绍的电脑不错，就买这个电脑吧。

2. 李龙好运动但学习一般，王文博学习好但不喜欢打球。我要与李龙做好朋友，可我的父母很生气。

3. 这小狗太可爱了！不过以后会长得很大，国家不让养大型宠物犬，但我不让别人知道，也不让它叫唤。

4. 这台音响太酷了。我要找奶奶提前给我压岁钱来买下它。

5. 我知道学经济会赚很多钱，但我喜欢与小朋友在一起，像我的老师那样，做一名教师。

6. 妈妈让我卖掉富余的两张演出票。但我想请我的两个好朋友一起去看演唱会。好东西要与好朋友一起分享。

捍卫价值观

以下这些人都在捍卫自己的价值观，你认为哪些人存在问题？

1.

2.

3.

4.

5.

男孩就是比女孩聪明。
c.

坐标二 管理原则

自我管理和领导力培养是实现目标的基石

我们所选择的目标都是建立在一些基本原则的基础之上，这些原则有些是人生的通用法则，有些则是达成某些目标的必要条件。对于每一个青少年来说，面对浮躁的社会现实，原则能够帮助你们不会在诱惑面前迷失方向。

管理时间就是管理人生

我们现在体会到的无论是幸福还是痛苦，都是过去的产物。如果你后悔“我为什么会这样”，那是因为你在后悔的事情上使用了过多的时间；如果你觉得“啊！太幸福了”，那是因为你在感觉幸福的事情上投入了时间。你如果想了解周围的某个人，只要观察他在学习工作的时候怎样打发时间就可以了。如果这个人整天嘟嘟囔囔地打发时间，他就是个“牢骚满腹的人”；如果这个人一天大部分时间都在积极工作，他就是个“富有生产力的人”。

时间是什么？

按字面理解，所谓时间就是“时”与“时”之间的间隔。这个间隔包含着用什么去填补的意思。有效地管理生活就是有效地管理时间。为了有效地管理时间，需要懂得时间的属性。

第一，时间是一切事情必须具有的资源。一切事情都在时间中发生，都消耗时间。做好事需要时间，做坏事也需要时间。

第二，时间是不可再生的资源。金钱、饮食或其他宝贵的资源都可以储存起来留在以后使用，但时间则会彻底地消失。世界上任何人都不可能把钟表倒拨回去从而重新使用过去没有使用过的时间。

第三，时间是不可替代的资源。吃饭没有筷子可以用刀叉，没有石油可以用煤炭。但是，时间是固有资源，任何东西都不可替代。

第四，时间是最民主、最公平分配的资源。无论是富人还是穷人，一天的时间都是限定的，都是24小时。时间是有限的资源，既不可被剥夺，也不可借贷；既不可雇用，也不可购买。

第五，时间是彻底的非弹性资源。大部分资源在需求增加的时候供应也会增加，但是时间则不同，无论需求增加多少，供应也不会增加。

一切事情都需要时间。时间是不可再生的，不可替代的。时间对于每个人都是公平的资源，而且是不花钱的资源。有的人明智地使用时间，从而获得幸福的生活；有的人错误地使用时间，从而使生活变得非常不幸。

浪费时间的理由

有一个很敬仰米开朗基罗雕刻艺术的人问道："一块不起眼的石头怎么能变成这样美妙的作品？"米开朗基罗答道："它的形象早就在花岗岩里面了。我只是把不必要的部分凿掉了而已。"在时间管理方面，也可以运用这一原理。

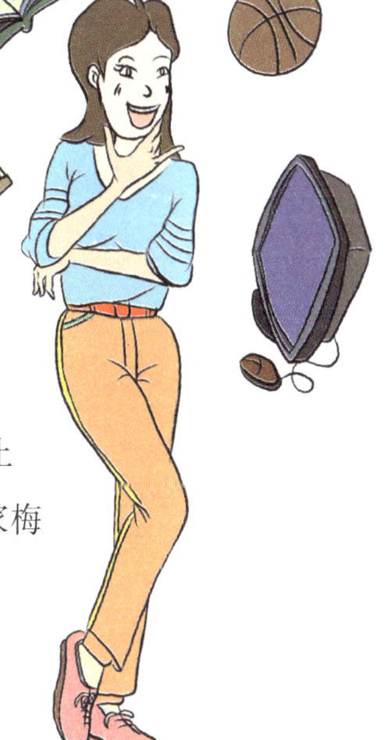

我们不用担忧一天只有24个小时，也不用担忧时间常常不够用，应该担忧的是用错误的方法使用时间和在不必要的事情上浪费过多的时间。创造时间以便把更多的时间用于重要的事情，唯一的方法是停止浪费时间。这就是广为人知的时间管理专家梅耶主张的"用减少的方法增加的原理"。

让我们分析一下浪费时间的人所具有的几种思考方式和习惯。第一，认为时间

是无限的；第二，不能正确了解使用时间的缘由；第三，不先做重要的事，而先做无关紧要的事；第四，不会有效地使用零星时间；第五，不会适当地拒绝不正当的要求。

坚决拒绝不正当的要求

周围的许多人向我们索取时间。不少人可以很轻易地拒绝给别人几分钱，但对抢夺宝贵时间的不正当的要求却不会拒绝。

剧作家雷纳德曾说："不做过多的辩白而拒绝别人晚宴邀请的人，是真正自由的人。"但是这样的自由人几乎没有。因为这对于任何人来说都是不容易做到的事情。如果你真的不想浪费时间，最好的办法就是断然地对不必要的要求说"不"。

一位名叫史密斯的心理学者提出了《不要有犯罪意识，断然地说不》的10条规则：

1. 有权主导自己的行动，并对影响自己的结果负责。
2. 有权不向别人说明或辩解自己行动的理由。
3. 有权判断是否有责任去解决他人的问题。
4. 有权在必要的时候改变自己的想法。
5. 有权失误，并对失误负责。
6. 有权在不知道的时候说"不知道"。
7. 在报答别人的善意前，有权思考问题和采取行动而不理睬这一善意。
8. 有权在某些时候以非伦理的方式决定自己的意愿。
9. 有权在不理解对方要求的时候说"不理解"。
10. 在要求你做不愿做的事情时，有权说"与我无关"。

把空间管理的原理运用于时间管理

在整理旅行包的时候，不要手忙脚乱地把东西胡乱塞进去，而应把衣服整齐地叠好有次序地放进去，这样可以多放很多衣服，而且以后找起来也方便。同样，如果有条理地使用时间，也可以比杂乱地使用时间多做许多事情。为了有效地管理时间，有必要把时间概念变为具体的、能够亲眼确认的空间概念。

著名的时间管理专家摩根斯顿在《能人的时间管理》一书中把乱七八糟的仓库和杂乱无章的日程作了比较，并认为这两者非常相像。让我们也比较一下乱七八糟的仓库和杂乱无章的日程：

如果说仓库是堆放物品的有限空间的话，日程（时间）也可以说是有限的空间。因此，也有必要像管理空间那样把时间分为几个区域，确定各自的位置，加以系统的整理。在有限的时间里要做的事情，就像在有限的空间里要整理的物品一样，该扔的要扔，要根据轻重缓急和重要性确定空间的大小和位置，以便最大限度地使用空间（时间）。

有的人住着大房间，却显得很拥挤；有的人房间很小，却显得很宽敞。同样，有的人整天手忙脚乱地工作，却一事无成；而有的人默

乱七八糟的仓库	杂乱无章的日程
空间是有限的。	时间是有限的。
有限的空间里东西太多。	有限的时间里事情太多。
胡乱地到处堆放东西。	在剩余的时间里盲目地做这做那。
根本无法知道什么东西放在什么地方。	不知道什么时候做了什么事情。
不能及时地整理好物品。	不能有系统地使用时间。

默地、悠闲地工作，却成果斐然。

试图以独特的哲学进行社会变革的社会活动家、剧作家、诺贝尔文学奖获得者萧伯纳以异想天开的行动和言语著称。在去世前，他仍然不失诙谐幽默地写下了自己的墓志铭："在犹豫不决之后，我知道会这样的。"

他活到了94岁。在去世前，他发表演说，写文章，进行了精力旺盛的社会活动。他为什么要事先写下这样的碑文呢？也许是他受到了各种各样的诱惑，抑或是他时常感到后悔莫及，或者是为了安慰自己？

小帖士

时间管理的10条规则

具体地制定使用时间的方案，并正确地加以掌握。

首先做重要的事情，而不是做满足眼前的事情。

必须做的事情要制定日程表，必须在规定时间内完成。

不要浪费零星时间，而应该加以有效利用。

关注核心事项，把其他事情交给适当的人。

要有明确的决断力，尽可能使生活单纯化。

立即行动，不要等所有条件都准备齐全。

坚决而灵活地拒绝不必要的要求。

该抛弃的要尽快抛弃，该丢弃的要及时丢弃。

拥有一个自己的休息处，彻底遵守休息时间。

反省今天，明天就会起变化

创造相对论的爱因斯坦在解释时间概念的时候曾说："与美人在一起的1个小时如同1分钟，而在火炉旁的1分钟犹如1个小时。"物理性的时间对于每个人都是一样的，但是，主观性的时间却随着工作、当事人的心情和周围的环境而变化。

人都有夸张自己的工作量和时间的倾向。我也是一样。就在今天早晨，当同事问我"周末怎么过的？"我回答说："为调换大儿子的房间忙了一整天。"但是，当我在写这部书稿的时候，仔细地回忆一下，其实为这件事只花了两三个小时。其余的时间用在登山、看电视、吃饭、喝水、睡午觉上了。用在这些事情上的时间比调换房间多得多。

忙啊，太忙了，可是做成的事情却不多

大部分人都会低估消耗在无关紧要的事情上的时间。他们常常说"忙啊，实在太忙了"。然而，实际上他们把许多时间都花在了喝茶、看报纸、网上冲浪和闲聊上了。尽管如此，他们却很少说"今天干得太少了"。

著名管理学家德鲁克为了向高管们讲解有效管理时间的问题，要求他们回忆怎样使用时间，并把它写下来。但是，把他们实际使用的时间和他们所写的内容相比较后，发现几乎没有一致的地方。

例如，某公司的董事长称，他一天中三分之一的时间用于同公司干部谈话，三分之一的

时间会见重要客户，另外三分之一的时间在社区活动。但根据他的秘书记录的他在六个星期内的活动，他把大部分时间用在了处理个人事情上，而用在上述三件事情上的时间并不像他写的那么多。

这位董事长起初不相信秘书交给他的时间使用记录。经过两三次这样的记录和确认后，他才承认他所花费了很多时间的事情，在许多情况下不过是他“认为应该多花一些时间”的事情。

为什么事情花了多少时间？

不管是学生、员工还是最高领导者，人们常常不能正确地了解自己使用的时间。其原因何在？第一，我们的记忆力并不像自己以为的那样正确。第二，在评价事物的时候，我们往往有一种欲望，尽可能地把事情说得对自己有利些，因此就夸张用于“应该做的事情上”的

内　容	第一天	最后一天
上课时间	3小时	3小时
吃饭、喝水和闲聊	1小时45分	1小时25分
电脑（电脑游戏、网上冲浪）	2小时15分	45分钟
洗衣、做饭	1小时50分	1小时30分
会见朋友和同学（包括吃饭）	2小时	1小时
打电话、看电视	2小时	1小时
看报纸杂志	1小时30分	30分钟
学习（听报告、预习和复习）	1小时20分	6小时15分
闲逛或躺在床上	1小时10分	1小时
上学时间和其他	1小时20分	1小时5分
睡眠	1小时50分	6小时30分

时间，减少在“不做也无妨的事情上”浪费的时间，以此来使自己的行动正当化，维护自己的自尊心。

因此，如果想有效地管理时间，首先要一一掌握时间用在了什么地方。以下介绍的是我的学生提交的有关时间管理作业中的简要内容。这个作业记录了 8 天生活中第一天和最后一天的内容。

这个学生在第一天记录的内容中还写下这样一段话：

平时我认为自己是个很勤奋的人，睡觉较少，忙于各种各样的事情。但是，整理了一天的日程后发现，我浪费了许多时间。除了3个小时的上课时间外，自己学习的时间只有1小时20分钟。这使我非常吃惊。

时间

分割时间要用多少时间?

『呼哧呼哧』

在记录 8 天的时间使用情况后，他又写下了以下的一段话：

在观察和记录如何使用时间后，我变了。这使我自己都感到吃惊。我变了的最主要原因是在记录时间的同时，开始非常注意自己的行动。我觉得，如果注意改变过去的习惯性行动，就能减少无效益的时间，而相对地增加有效益的时间。

制作一天的时间使用表

要改变浪费时间的习惯，首先要准确地了解和记录至今的时间使用内容。可以先记录近几天的时间使用内容。身上带一支笔和一个小笔记本，记下各种活动的内容、开始和结束的时间以及所用时间。举例来说，把睡眠、看电视、使用电脑、闲聊等都具体地记录下来，在

时间使用书

活动内容	开始时间—结束时间	所用时间
有用时间＝（　）时（　）分／浪费时间＝（　）时（　）分		

一天结束的时候按照以下的表格进行整理。

在制定时间使用内容书的时候，有几点需注意。第一，把握想增加或减少的活动；第二，记录这种活动的频率和时间；第三，找出这种活动的环境和条件；第四，把用于有益活动的时间和浪费的时间合起来计算，并进行比较。

时间使用内容书带来的好处：

增加有用的时间：能够了解自己平时是否夸大了有效使用的时间，夸大了多少，从而找出更有效地使用时间的方法。

减少浪费的时间：能够了解浪费时间的事实，从而积极检查浪费时间的原因，制定对策。

做到有计划地生活：检查过去的时间使用内容后，为了不再浪费时间，将制定必要的计划，使自己养成更有计划的生活习惯。

增加成就感，培养自我控制力：正确地了解一天如何度过，减少时间的浪费，在有生产性的事情上投入更多的时间，成就感就会增加，

自我控制能力就会增强。

• 要事第一 •

大炳早晨离家的时候说要买参考书，母亲给了他100元。但是，大炳从朋友那里听说，他特别崇拜的歌手出了一张新专辑。是买参考书还是买专辑？大炳犹豫了半天，最终买了专辑。大炳只有100元，买了唱片就不能买参考书。

选择 A ＝放弃不是 A 的一切

我们常常把没有选择余地的事情叫作“命运”。所谓选择，意味着在两种以上的东西中挑选一种，也意味着选择了一种，其他的都要放弃。现在，你就站在选择的岔路口：是继续读这本书，还是去做别的？如果你选择继续读这本书，就必须放弃其他的事情。

从起床到就寝，不，从出生到死亡，我们就一直处于不断的选择中。我们的人生航程是由每个选择所决定的。成功的选择创造成功的生活，错误的选择导致失败的生活。

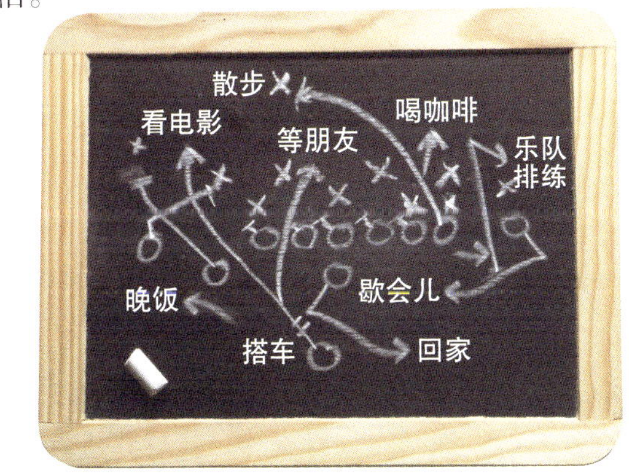

尽管如此，大部分人往往还是漫不经心、马马虎虎地选择每一天，按老习惯生活。这里所说的，不是让你在用铅笔还是用圆珠笔写便条这样微不足道的事

情上动脑子。如果那样的话，我们的脑子也许会麻痹。但是，如果你希望与昨天的生活有所不同，就必须选择其他的方法。

那么，怎么能知道我们的选择是明智的呢？实际操作起来可能多少有点复杂。只要所选择的比所放弃的能得到更大的满足，就是明智的。人的欲望是无限的，而满足欲望的手段资源是有限的，因此，无论是个人消费还是国家经济，都面临着选择的问题。为了说明合理的选择和决定，经济学创造了一个概念，叫作“机会费用”。

所谓机会费用，是指在两个以上的东西中只能选择一个的时候，选择一个就必然放弃另外的机会，而这个机会是有利益或有价值的。因此，如果选择的事情所带来的满足感比机会费用大的话，这个选择就是英明的，反之则是愚蠢的。

举例来说，一个小摊贩一小时能挣50元，但这天不知怎么回事，这个小摊贩不愿出摊了，而到每小时50元的练歌厅去唱了两小时的歌。唱歌花了多少钱？从时间上说是100元。但仅仅如此吗？不。从机会费用来说，在他付给歌厅老板100元之外，还要加上他不做买卖所放弃的100元。因此，此时的机会费用就是200元。

机会费用概念并不仅仅运用于经济，它可运用于所有与有限资源相关的决定过程。时间也是有限资源，因此，要想明智地选择在一定的时间内做什么，就必须计算机会费用。

时间是金钱吗？

有一句话叫作“时间就是金钱”。但是实际上时间并不是金钱。时间是金钱买不到的，也是不能出卖的。但是，如果引入机会费用的概念，“时间就是金钱”的理论就能够成立。如果一个人整天游手好闲，周围

的人就会问他："你不可惜时间吗？"时间是白给的，为什么说它是"可惜"的呢？

选择游手好闲，就放弃了学习和做事。也就是说，选择了游手好闲，就放弃了做事挣钱的机会；不学习，就放弃了今后做更有价值事情的机会。所以说，在运用机会费用概念的时候，"时间就是金钱"是正确的。

所有的决定和选择都伴随着机会费用。学生们被游戏所诱惑而放弃学习、不能忍一时之怒而使用暴力、在高速公路超速行驶、为获得微小的满足而对达到目标具有重要意义的事情应付了之，这样的选择将导致在一生中负担沉重的机会费用。所谓英明选择，就是在决定的过程中选择的价值要比放弃的价值大，即要选择机会费用最少的。

选择是以放弃为前提的，而放弃并不是失去什么，而是为选择别的东西所付出的代价。为了选择价值大的、重要的事情，我们应该首先学会果断地放弃价值小的事情。从机会费用来说，比尔·盖茨放弃在哈佛大学的学业而创办微软公司，都是非常英明的选择。

明智的选择 = 机会费用最少的选择

一个人正想去英语会话补习班，此时，他的同学说要请他吃冰激凌。此人肚子正有点饿，心想能白吃是很合算的事情，因此决定不去补习班了，与同学玩了 4 个小时。如果经常性地陷入这样的诱惑，真的是

合算的事情吗？从机会费用的角度来看，这绝不是合算的买卖。

首先让我们计算一下选择白吃所获得的价值。第一，吃东西能消除压力，心情好；第二，不用花钱；第三，与同学的关系更近了。

让我们再计算一下机会费用。第一，落掉了补习班一个小时的课程；第二，放弃了另外三小时运动或读书的时间；第三，因为玩得太久导致当天的作业没完成；第四，睡太晚，整天迷迷糊糊，不能学习，影响健康。由此看来，这个选择所负担的机会费用是很沉重的，既不能去做该做的事情，又影响了健康。

不要混淆紧迫性和重要性

我们每天要做很多事情，有重要的，也有不重要的；有紧迫的，也有不紧迫的；有的是既重要又紧迫，有的既不紧迫也不重要。要想明智地管理时间，首先要考虑事情的重要程度，然后再考虑紧迫性，并决定自己的行动。但是，许多人在生活中把重要性和紧迫性混为一谈。

例如，公共汽车司机为了赶上运行时间而超速行驶，是认为事情紧迫。但是，安全行驶对司机本人和旅客都是非常重要的事情。为了比同事更快地晋升，整天不休息地工作，是紧迫的事情，而有规律地运动，适当地休息，尽管不那么紧迫，却非

常重要。想多吃美味食品的冲动是紧迫的，而均衡地食用蔬菜虽然不紧迫，但对身体管理和健康却是重要的。

网上冲浪、看电视、打电话等，看起来很紧迫，但并不重要。如果为了紧迫的事情而拖延重要的事情，随着时间的推移，这些事情将更难以解决。屈服于紧迫性而无视重要性，犹如选择了走向贫困和不幸的捷径。人生就是一种交易，在带来眼前愉快的紧迫事情和带来长期利益的重要事情中，必须选择其中的一种。

先做重要的事情

如果时间是无限的话，那么我们就既能尽情地做眼前快乐的事情，也能做有利于实现长远目标的很重要的事情。但是，时间是有限的资源，是非弹性的资源，是永远供不应求的资源。划分成功者和失败者的界限，就在于先做什么事情。

令人遗憾的是，许多人不是把时间投入到对自己重要的事情中，而是投入到收看无聊的电视节目或议论周围并不重要的人物方面。失败者总是选择先做与目标无关的事情，总是先做即兴的、无助于将来的事情，总是先做容易的而不是困难的事情。

失败者为了逃避暂时的痛苦，追求眼前的快乐，而将在今后付出长期的严酷代价。而成功者总是首先选择对达到目标重要的事、没有乐趣但非常必要的事，以及别人放弃的困难的事。

分析成功者的性格特点，他们最明显的特点是“先做重要的事情”。要想成为人生的主人，就必须果断地抛弃那些诱惑我们的即兴性的、并不重要的事情，而首先选择重要的事情。

下决心先做那些能得到长期利益而不是短期快乐的事情，是人生

中最重要的决断。为此，需要考虑以下几点：

确定人生的明确目标。要做到先做重要的事情，人生的目标必须明确。因为事情的重要性是随着目标的不同而改变的。如果你的目标是成为富翁，那么最重要的事情就是学习挣钱的有效方法；如果你的目标是做一个穷人的话，那么现在最重要的事情就是尽情玩乐。

确定该做的事情的轻重缓急。我们每天要做的事情大部分都有一定的重要性。问题是一天只有24个小时，不可能每件事情都去做。比起能做的事情来，能用的时间永远是不足的。因此必须确定事情的轻重缓急，分清哪些是最重要的，哪些应该先做。

以未来的观点做出判断。诗人普鲁斯特曾说："有的人以现状来看待事物，并问道，它们为什么存在；而我想象的是至今不存在的事物，并问道，它们为什么不存在。"如果不以未来的观点看待事物，雅虎也许就不可能成为世界顶尖的网络风险企业。

明确选择和放弃。我们每天要选择许多事情。是早起还是晚起？是喝酒还是读书？是按照常规办事还是创造新的方法？如果选择了有利于实现目标的重要事情，其他的事情就要果断地放弃。明确选择和放弃，是成功者的主要特征。

制作该做的事情的目录。根据重要性决定事情的轻重缓急是重要的，但更重要的是集中力量做一件事。每天引起我们关心的事情和问题很多，干扰着我们去做重要的事情。为了果断地抛弃这些诱惑，应该制作该做的事情的目录，不管发生什么事，目录上的事情必须完成。起初，目录上的事情可以少一些，容易完成一些，以后要逐渐地增加数量。

小帖士

能够改变坏习惯的两个自我质问

坏习惯改不了的一个原因，是在行动时没有经过大脑思考，处于无意识状态。要改变习惯，必须经过一个过程。这就是有意识地关注自己的思考。

这一过程可以用两个很简单的质问来解决。例如，如果习惯性地打开电视，那么就向自己提出以下两个问题：

我为什么开电视？

我能做的其他事情是什么？

如果在决心做某件事情的时候就向自己提出这两个问题，就可能产生以下一些变化：第一，认识到生活中有多种多样的替代方案，我们能在每一瞬间选择其中一种；第二，具有控制力，认识到生活不是偶然的，而是自己选择的结果；第三，用小事进行练习，从而培养有效决定重要事情的能力；第四，分析自己的思考，更好地了解自己，从而更好地控制思考、行动和自己。

• 如何摆脱拖延的习惯 •

“必须现在做吗？”“过一会儿做。”“从明天开始做。”“下次做不行吗？”“时间还多着呢！”“反正会做的。”“到时候再做。”“不要着急！”“还有时间，以后再做也不迟。”

那些叹息“我为什么这副模样？”的人有一个共同的习惯，那就是习惯性地使用上述语言，把今天应该做的重要事情拖延到明天。这样的人必然会在以后付出代价。尽管如此，人们还是在寻找各种借口拖延重要的事情。

人的普遍心理是，对于想做的事情，不管怎么忙也要去做，而对于不想做的事情，采取各种手段逃避或往后拖延。

如果不想把重要的事情往后拖，可以采取如下的方法：

第一，先做不愿做的事情。摆脱拖延习惯的最好方法是先做完不愿做的事情。俗话说：“挨打也是先挨为好。”既然是重要的事情，即使不愿做，也要先把它做完。这样可以体会到更大的满足感。在做不愿做的事情时，你要想到完成这件事后的成就感和满足感。这样，困难的事情也会变得容易起来。

第二，在一定时间集中做一件事。人们为了逃避重要的事情，往往采取参与周围出现的各种事情的战略。有的人做一会儿工作就查看电子信箱，或者翻阅报纸，或者各个部门到处乱走。还有的人对别人的工作说三道四，或者在对方没有提出要求的情况下就花费很多精力去帮助别人，而把自己的事情放在一边。应该在面前放一块手表，定好时间，在一定时间内只做一件事，甚至连喝水、接电话都不做，这样肯定会体会到令人吃惊的效率。

第三，不要等待所有条件都具备，应该先做起来再说。有一次，我接待了一名患忧郁症的已毕业学生。他说，他的理想是当小说家，至今他都不能抛弃这个理想。但是，在现在这种情况下，很难写小说。我反问他说，“即使你现在不能写出名著，难道你不能抽出一些时间进行创作学习，或者写一些习作吗？”

对于任何一个人来说，如果是认为特别重要的事情，都不愿马马虎虎地去做。这是理所当然的。但是，如果总以“等具备了充分的条件……”为由而拖延，那么，许多事情等不到开始，我们就要闭眼了。不要忘记“等戴好帽子，集市已经散场”的俗语。

第四，接受失误，从失误中学习。我们接受了长期的“不要失误”的教育。正因为如此，许多人置自己真正的愿望于不顾，因为害怕失败而拖延事情。我们常常会遭遇失败，这是人生中很自然的事情。失败虽然是痛苦的，但是，促使我们去学习的也正是失败。失败和成功虽然是反义词，但它们都来自于“试图”这个过程。要想做成重要的事，首先要接受失败的可能性。同时要铭记，通过失败我们能学到一些东西。

设定截止时间以防止脱轨

学生什么时间开始写报告书？老师何时提交得出研究结论的论

文？总统候选人什么时候开始进入拉票作战？我们的许多行动是在截止时间临近的时候才开始的。这是一个普遍的现象，与事情的内容没有多大关系。

如果有人来到一家商店，问老板：“如果有持枪抢劫犯进来，你会怎么办？”老板会作出怎样的反应？也许他会转着眼睛，含含糊糊地说：“是啊，让我想想……”但是，如果真的有抢劫犯冲了进来，也许他会按下警铃，或者会举起双手趴在桌子上，反正他肯定会立即采取行动。

截止时间就像遭遇持枪强盗一样，促使我们立即采取行动。也有的人不用催促就主动地处理事情，他们显得有条不紊，悠闲自在，而结果却很好。这种人的截止时间是自己规定的，而不是别人划定的。

对大大小小的事情设定截止时间，可以使我们的头脑紧张起来，想办法在规定时间内完成任务。同时，它也能使我们集中精力进入整合大量有关信息的状态。因此，为了防止脱离轨道，对任何事情都要设定截止时间。

使用自我补偿和自我惩罚的规则

达到自己的目标时，给自己以补偿，达不到目标时，自己处罚自己。这是希望有所变化的人才可以使用的方法。能够改变自己的一个强有力的方法是“自我补偿”。这种方法要在及时处理了重要事情后采用，例如购买想要的东西，或做自己想做而没做的事情。这样可以使你从拖延习惯中摆脱出来。

改变自己行动的另一个方法是“自我处罚”。如果在计划的时间内不能完成任务，就不能做平时自己最喜欢做的事情，或者去做自己最

不愿意做的事情。例如，如果你平时喜欢看电视，那么在一定时间内就禁止看电视；如果你讨厌打扫卫生，就规定自己必须对家里进行一次大扫除。

• 成功在于灵活利用点滴时间的程度 •

早些年在当学校顾问的时候，我曾分析过成绩优秀的学生和受到校纪处分的学生的生活态度。这两种人在许多方面存在差异，其中一个差异是灵活利用课间时间和上学时间的方法。

大部分优等生利用课间时间复习以前学过的功课，或者早早进入课堂翻阅一下要学的内容。同时，在乘坐公共汽车、地铁的时候，走路的时候，在食堂排队买饭的时候，他们都利用这种零星时间在脑子里复习学过的内容，或者思考要做的事情，而不是让时间白白地过去。但是，在受过处分的学生中，几乎没有一个人这样度过布头时间。

如果希望有效地使用布头时间，应该首先检查从早到晚的日程，并从中找到过去认为没有利用价值的布头时间。以下提出几个例子供你在找出零散时间时参考。

与同学闲聊或为并不重要的事情打电话的时间

在食堂、超市、图书馆排队等候的时间

盥洗、洗澡和在卫生间的时间

早晨起床后翻找东西的时间和吃东西的时间

上学或下学回家的时间

宋代欧阳修以有效地利用零散时间而著称。他把“三上之学”作为读书和想问题的好地方。所谓“三上之学”是枕上、厕上和马上，即躺在床上的时候、上厕所的时候和骑在马上的时候。

睡觉前或进入睡梦后，是完全放松的时候，也是出现奇思异想最多的时候。读著名科学家和艺术家的传记可以发现许多这样的事例，他们在睡觉前或从睡梦中醒来时出现的奇思妙想，成为建立创造性业绩的决定性契机。

迪斯尼患有失眠症，他的许多奇异想法就是在睡不着觉的晚上想起来的，因此，每天早晨他都带着许多奇妙想法投入工作。我在床头也时常放着便笺和圆珠笔。我发现睡觉前或从睡梦中突然醒来时的新奇想法特别多，都可以用来讲课或写文章。

厕所也是产生新奇想法的很好的地方。最近到寺庙去，发现那里的厕所都叫作“解忧所”，意谓解除忧虑的地方。创造性的新奇想法大多是在无忧无虑、摆脱紧张的时候产生的。因此，如果能很好地利用上厕所的时间，也能产生奇妙的想法。写作《爱弥儿》的思想家卢梭患有膀胱炎，经常在厕所里呆很长时间。他在厕所里进行思考，产生了著书立说的许多思想。

大脑具有回答问题的机能。利用点滴时间不断地思考，就能解决许多问题。

·精神一到，何事不成·

许多学生在考试临近的时候从早到晚泡在图书馆。但是也有的学生即使考试近在眼前也照样会见朋友，打球，显得悠闲有余。那么，谁能取得更好的成绩？当然前者的可能性大些，但是情况常常并不是这样。为什么？

如果前者是你，后者是你的好朋友，你心中肯定会感到冤枉，也许你会觉得你的朋友运气好，脑子聪明，甚至还会怀疑你的朋友搞了什么投机取巧的事情。但是，明智的人应该从自身上找原因。

天天泡在图书馆而考试成绩却不理想是有原因的。有的学生一放下书就感到不安，因此一大早就进入图书馆。但是，即使在图书馆呆的时间再长，如果坐在书桌前打瞌睡，或者把大量时间花在喝水、与朋友闲聊、三番五次地上洗手间、脑子里胡思乱想，或者背诵一些无关紧要的内容方面，考试成绩肯定好不了。

然而，整天悠闲有余，很少上图书馆，但考试成绩却很好的人怎样呢？他们的习惯是平时集中精力学习。他们在教室、图书馆学习时，热身时间很短，一旦开始学习就高度集中精力，学习的密度非常高。因此，他们投入的时间虽少，但成效很大。要想工作有效果，学习缩短热身时间的方法很重要。

一百多年前，意大利经济学家巴莱多对英国的财富和收入类型进行了研究，结果发现财富很不平等，少数国民赚取了大多数人的收入。同时，他还发现了与这一情况有关的两个很有意思的现象。一个现象是，少数人在人口中的比例和他们所占有的收入比例数字总是相同的。即占人口20%的人总是占有80%的财富。另一个现象是，无论在哪个国家，

这种不平等模式都是相同的，即使时代变了，情况也同样如此。这一现象被称为“巴莱多定律”或“二八法则”。

“二八法则”运用于时间管理，则是一个人取得的有价值的成果，大部分是投入时间的极少一部分所获得的。由此可见，我们的选择应该非常明确：把精力最大限度地集中在能够取得成果的时间里。

不久前，我的女儿整天愁眉苦脸，把冰箱的门开来关去，还不断地上厕所，就是不愿做作业。

我让女儿找来老花镜，并同她一起来到阳台上。我把老花镜放在女儿的手背上，让她在手背上画个圈，并让她仔细观察光线的变化。我慢慢地向上抬起老花镜，光圈逐渐变小。终于，女儿大叫一声：“啊，烫死我了！”我问她为什么会发烫。她说，阳光集中在一处自然会发烫了。我告诉她，注意力集中也是同样的道理，就像老花镜聚光一样，如果集中精力做作业，就能在很短的时间内做完。

如同老花镜把阳光聚集在一起能燃烧纸张一样，如果把心中的能量集中在一个问题上，就能轻而易举地找到解决的方法。无论是什么事情，其成果不是与投入的时间成正比，而是与注意力集中程度成正比。集中力就像激光的光线，可以穿透阻碍我们的一切。

• 摆脱信息的洪水 •

我们今天生活在信息通信的洪水里。电脑、文传、网络、电子邮件、电视、移动电话，无论何时何地，我们都能接收和发送信息，都能与他人保持联系。只要我们愿意，电话、电子邮件能使我们在深更半夜与世界任何地方取得联系，网络能使我们轻而易举地获得所需要的信

息而用不着再在图书馆汗流浃背地翻找。尖端技术的发展使我们能够节约更多的时间，帮助我们少干活而多收获。

信息通信的发达是把双刃剑。我们可以在任何时候、任何地方工作，从而最大限度地提高生产力，但是，如果不能加以适当的控制，我们的生活就会被信息洪水淹没。

不能控制通信工具将产生严重的问题：

第一，它将耗费大量的时间。通信工具的开发本来是为了节约时间，而实际上却掠夺了人们更多的时间。人们用于看电视、收发电子邮件和打移动电话上的时间，其中大部分内容并不重要。

第二，失去了思考的时间。我们在一天中有许多时间和电视、收音机、移动电话、电脑在一起。终日被淹没在音响和影像之中，进行创造性思考的时间也就必然减少。

第三，妨碍了重新充电的休息时间。最新信息通信工具的长处是让人们在任何地方、任何时候都能工作。电影院、会议室自不必说，有的人甚至带着移动电话进澡堂。

我至今很少用手机，因此常被人称为原始人。我认为通过办公室的电话和电子邮件进行重要的联络工作就足够了。更为重要的是，我讨厌繁杂地生活。要想过平静的生活，首先要掐断不必要的信息。在必须不受干扰的重要时间里，要切断通信工具的电源，在应该休息的时间里，拔掉所有不必要的通信工具的电源插头。

创造磨斧子的时间

有的人很舍不得休息的时间。果真如此吗？一个伐木工干一会儿就停下来磨磨斧子，而其他伐木工舍不得磨斧子的时间继续伐树。哪

一种人伐的树多呢？毫无疑问是前者。但是仍然有许多人像后者那样生活。工具必须修理才能有效地使用。这就是休息。

画家们画一会儿就会放下笔，站在远处一面休息一面观察画的整体，这样才能完美地完成作品。生活和工作也是如此，有的时候要像画家那样暂时停手，以便有时间回顾和展望。从正在做的事情中后退一步去观察，就能提高生产力。创作歌曲需要在音节与音节之间留有空隙。没有空隙的音节只是噪音而已。休息就像音节之间的空隙。大自然也周期性地休息，熊和蛇要冬眠，树木也在冬天休息。

无论你的工作多么繁忙，责任多么重大，都应该在一天中停下几次手来安静地休息。这样一来，你就能体会到不同于以往的生活。必要的时候，还应该前往只属于自己的休息地，过一段只属于自己的时间。

克莱斯勒公司的一名副总经理曾骄傲地说，他已经两年没有休假了。此话被公司的总裁艾柯卡无意间听到了。艾柯卡想，该给这位副总经理怎样的补偿呢？立即解雇！为何如此？艾柯卡后来在接受一家杂志社记者采访时说，如果一个人两年不休假，那他肯定存在严重的问题。各位觉得如何？

• 罗马不是一天建成的 •

领导能力让我们朝着目标不断积蓄能量。人生不是一下子飞黄腾达的，外表看起来像是一步登天了，但实际上是一步一步通过努力走过来的。可人们往往看不到努力的过程。

21世纪的青少年一定要具备——领导能力、个人技能和全球化的视野——这三大素质，并仔细分析这三大素质的重要性和必要性。如果你心怀世界，梦想成为一名世界公民，一定要记住这三大素质。未来青少年都要以世界为舞台而努力。一个国家任何时候需要的都是卓越的人才、具有创造性的人才。未来需要的更是能自由出入国家的全球化人才。你们现在要成为世界舞台的主人公，用你们的能力发展国家。

现在的世界不需要视野狭窄、只顾眼前的人。要真正做到胸怀世界，现在开始就要更多关心目前相对被忽视的问题，即有关人权、饥饿、环境等人类长期、宏观的问题。这种关心能让你们的思想成熟起来，扩大你们的世界观。

未来需要的人才是超越国界的全球化人才，用长远的眼光、开阔的眼界看世界和未来。

这是一个关于在世界著名外企担当企划部部长的马克的故事。

马克是新一代CEO，非常有能力，深受董事长的厚爱。但是某一天，他犯了一个大错误。有一次他和其他部门的部长一起吃饭喝酒，酒桌上他责怪董事长最大的缺点就是“只重视结果，忽视过程。”这些话被他的竞争对手听到后，录了音。第二天晨会上，马克的话被一字不漏地放给董事长听。当天所有参会人员都惊愕了，不禁为马克捏把汗。

大家都认为马克这下惨了，董事长肯定不可能原谅他。没想到，董事长听后反而哈哈大笑起来，说道："马克，看来你因为我这个缺点，承受的压力不小啊。以后我会努力改正的。我平时听不到有关自己缺点的评论，谢谢你能给我指出来。"董事长以爽快的方式原谅了对方。之前没有机会了解到董事长魅力和人品的马克，自此事件后深受感动，一直在这家公司兢兢业业地工作了二十多年，直到退休。

任何组织的领导都要爱护、善待下属。因为部下犯错误或者造成经济损失而当场开除或在众人面前大声训斥，属下以后一定不会再尊重、随从这位领导。

经常有学生问我领导力是什么？我总结为以下三点：

第一，关心、包容他人。

第二，做比说更重要。

第三，通过第一、第二点实现改变。

人们常说：对待自己要像冬霜般冰冷，对待他人要如春风般温暖。多么令人深思的话啊。这就是对第一点"关心包容他人"的最好解释。如果你想成为领导，具有领导气质，一定要记住这句话。第二点做比说更重要，就是要求领导"以身作则"。只有自己身先士卒，处处带头，敢于牺牲吃亏，你想还有谁不会紧紧跟随、替你分忧。

要学会多角度看问题

让我们看看潘基文秘书长作为领导是怎样工作的。就任联合国秘书长后，潘基文秘书长一年中有132天出差在外。走访了58个国家120多个城市。每天睡眠时间四个半小时左右。你们没想到是这样吧？"像联合国秘书长这么高职位也只睡那么少吗？我喜欢睡觉，不要做联合

国秘书长 。”也许你是真这么想的吧？

是的。联合国秘书长是个工作量很大、很繁忙的工作。人权问题、国际纷争问题、贫困问题、粮食问题、气候问题、水问题、女性问题等等，在我们地球上发生的所有有关人的问题，都要一一过问。联合国秘书长是个为了寻找解决这些问题的办法而在苦恼中前行的职位，光是解决水问题就要考虑到人权和产业这两个不同视角。2008年3月，潘基文在接受埃及的一家新闻采访时曾说过：“现在地球村里干净水源不够，每20秒就会有一个孩子因饮用不干净的水而身亡。”这是从人权角度分析水问题。但是对于产业来说，水就是“蓝色金子”，是未来阳光产业的原材料。这是从产业角度看水问题。不清楚到底应该从哪种观点来看才是对的吧？因为要根据不同情况分析水应该作为公共财产还是作为经济财产。仅仅水这一问题就存在两种不同立场，联合国秘书长要有分析众多复杂问题的头脑。

但仅仅有考虑复杂问题的头脑还不够，这也是一个要看你付出多少努力的职位。因为他要去的地方，要见的人数也数不过来，所以要争分夺秒才可以完成那么多事情。如果潘基文“我不做事，就让下属做点，混到期就可以了”这样不负责任的话，他也就不用这么忙了。这样的领导相信也不会赢得好的声誉和人们的尊重。

需要忍耐力和毅力

联合国原本就是一个机构臃肿、官僚主义严重的组织，很多地方都需要改革。潘基文上任后决心做一个改变。经过不懈努力，15个月后变化发生了。之前联合国工作的人主张："这件事我们做不了"，以一种被动的态度工作，现在会一边思考"我们做什么，该怎么做，"一边行动。真的是很大的变化。世界媒体评价潘基文具有勤劳、有毅力、实用主义、反应迅速等领导能力，给联合国带来了变化和改革。而评论领导能力中最重要的品格——忍耐力和毅力高居榜首。所以说，整顿联合国不是不可能的事。

也许你正在看不到尽头的黑暗中艰难前行着，但请记住：历练终将使你变的更加强大，这是对青少年最好的祝福。

《罗马人的故事》有一段文字："罗马之所以是罗马，全凭风雨……国家的未来并非战争的胜负决定的，而是战争过后做了什么，更重要的是如何去做。"

重要的并非历练本身所体现的冷酷性，而是面对历练的态度。评价历练是否残酷的标准不在于对与错，如果你觉得残酷它就是残酷的，如果你坦然接受，就会觉得其实也没什么大不了的。

相比那些含着金汤匙出生的孩子，那些父母已经铺平一切道路的孩子，那些不知苦恼为何物的孩子，你现在正在继承着最宝贵的人生经验。虽然现在身心疲惫的你也许会觉得我在老生常谈，但这的确是很多人从最真实的经验中得出的最具分量的人生忠告。

历练是祝福，是历练造就了你。因为正是历练的力量才让一个人变得强大、无所畏惧。

• 梦想成为决策者吗，多关心社会时政 •

现在许多长辈喜欢以“我在你这个年纪的时候如何如何，可现在的孩子为什么做不到呢？”之类的方式训诫青少年。我对这些话的真实性持怀疑态度。每一代人都活在特定的时代，对生活的认识有特定的局限性，将自己的经验强加在他人身上并不合适。

尤其是，人们总喜欢对自己过去的成就和优点无限放大，在美好记忆的基础上，要求生活在当今社会竞争激烈的青少年做过去的事情，怎么说都是不可能的。但，还是想对青少年寄语：多关心社会时政吧。

新闻网站的优劣

现在的青少年，大部分都是通过网络或者电视等途径获得新闻等信息的。在各门户网站点击新闻报道，听到不同媒体的见解，检索大量信息，非常方便快捷。但网络新闻最根本的问题在于过于依赖“自我主导”式信息检索方式，点开网站后，在海量的新闻标题中，我们只会检索自己感兴趣的标题。个人爱好决定了所读到的内容，决定了所能达到的视野。自我主导式检索的最大问题是以自己的喜好来搜索信息，从而导致了信息摄取面过于狭窄。相比严肃而枯燥的政治社会新闻，很多人更喜欢演艺八卦、娱乐、体育等新闻。对艺人之间分分合合的八卦，一些人甚至可以如数家珍，但真正对自己有用的信息，比如中国的货币政策对自己或者家庭生活会产生多大影响，却一无所知。出于这点考虑，我把收藏夹里门户网站的链接地址全部删去，因为从中对自己得到的信息帮助不大。

网站中搜集的信息十分狭隘，为了增加信息的点击量，网站往往

会将一些争议性的话题新闻优先登载。而那些十分有用，但读起来趣味性不强的信息检索起来却并不容易。在点开某些特定领域的相关报道时，还会在瞬间出现大量关联链接，这样的关联报道看似为读者提供了便利，却将范围限制在某一特定领域，片面性是致命的。

订阅报刊并坚持精读

相反，平面媒体刊载的一些信息可能是自己不太关心的，但因为全部集中在一起，你可能不得不去关心最近的热点话题有哪些。退一步讲，就算你不去细读，哪怕只是草草看一眼，这些话题也会在你脑海里留下印象，并对当今的社会百态有一个全局性的把握。另外，报刊还会根据新闻价值的大小调整版面，基本上，你只需要看占多少版面就可以判定这一问题的关注度，但是，不要忽视一点，那就是留言量仍然是更多集中在已经经过网站筛选的话题上。

我的经验告诉我，拿投入的时间来看，看报纸是最具效率的信息获得方式。对于青少年来说呢，也同样如此。眼下，如果你上了中学，需要了解大量时事政治来提升见识，坚持每天阅读报刊会大有裨益。最主要的是，它能提高你的分析思考能力。

虽然现在报刊的影响力已经大不如前，但政府企业的决策者大部分还是通过报刊媒体来获取信息的。如果你梦想成为决策者，或者只是想了解一下社会主流发展大势，你就需要熟悉报刊这种获取信息的渠道，以从中获取的信息为基础培养思考的能力。

如今，报刊间的论调区分也十分明显，阅读两份针锋相对的报刊会更加有趣。

坚持精读下去，改变在潜移默化中发生，你会有意想不到的收获。

• 29秒的决策力 •

安德鲁·卡内基曾因把40名临时工培养成百万富翁而著名。他选拔人才的方法很独特，首先要确认你是否具有无报酬工作的精神，然后要了解你心中是否有明确的目标，并且是否已经为实现目标做好准备。一旦发现这样的人，他就会把此人招进自己公司的核心部门，并最大限度地为他提供机会。以卡内基成功哲学为主题的《不愿放弃的我的理想，我的人生》一书的问世，像一部电视连续剧。当时在《初创者》杂志社当记者的拿破仑·希尔为了在杂志上介绍卡内基的成功经验，对他进行了采访。当时卡内基已涉足钢铁产业，富得流油，正在寻找能把他的成功哲学整理出来的人。他已经与250多名年轻人进行了面谈。在卡内基开始谈他的成功经验时，他有意想试探一下希尔能否成为整理他的成功哲学的适当人选。他向希尔提出的第一个问题是：“你有把这件事干到底的自信吗？”希尔回答说：“有。”接着，卡内基提出了第二个问题：“如果我把这个机会给你，你能在没有报酬的情况下依靠自己的力量生活，在20年里愉快地研究成功与失败的原因吗？”希尔受到了很大的冲击，在思考了一会儿后，他作出了肯定的答复。希尔事后才知

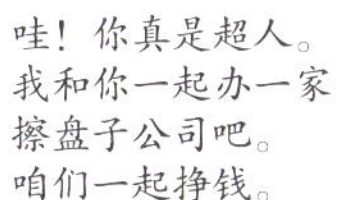

道，卡内基在提问的时候手中握着一个秒表，他把对方回答问题的时间定在60秒。而希尔回答问题的时间为29秒。卡内基终于找到了这个目标明确、有决断力并不计报酬的“天赋人才”。希尔这个29秒决断，帮助他从卡内基那里获得了许多知识，作为结果而诞生的这本《思考致富》在全世界销售了3000多万册。希尔也因此发了大财。而实际上，希尔当初写这本书只用了4个月时间。

• 把“该做的事”变成“想做的游戏” •

又开学了，上学真痛苦，早点毕业就好了……

日子过得真无聊，整天就是吃饭、上学、睡觉，活着究竟为什么……

嗨，真没劲，今天还要补课……

到下学时间了？这不还有两个小时吗！

为了我的大学，不得不如此……

在我们周围，说这种话的人不少，他们对自己该做的事常常牢骚满腹。诸位，你们是否也如此？

只要活着，不论我们处在怎样的位置上，总有必须做的事情。学生要学习，主妇要管家，工人要干活。虽然做着同样的工作，但是，每个人看待工作的观念却截然不同。有的人喜欢该做的事情，他们听到的是发自内心的欢呼声：“现在是开始学习的时间了！”相反，有的人在学习面前却愁眉苦脸，他们听到的是来自内心的牢骚声：“这作业非做不可吗？”

有一项调查表明，大部分成人在醒着的时候，有75%的时间在进行与工作有关联的活动。这里不仅包括工作时间，也包括上下班所需的

时间、考虑与工作有关问题的时间，以及消除工作疲劳的时间等。大致算起来，一天的四分之三时间用于同工作有关的活动方面。

虽然大量的时间要伴随着学习而度过，但是，大多数人却把学习当作一种苦役，他们希望在学习结束后的时间里，换个地方寻找人生的乐趣。还有不少人在工作的时候马马虎虎，得过且过。这样的人实际上放弃了获得幸福和满足的机会。

安德鲁·伍德18岁时身无分文地从英国到了美国，而在30岁时，他已经成为百万富翁。他讲述了这样一个故事来说明对待工作的态度将对获得成功产生多么重要的影响。

知道那座大桥吗？
我正在建造世界上
最漂亮的大桥。

一个少年站在旧金山的海岸上，默默地看着正在干活的工人。就像许多少年一样，他禁不住好奇心的驱使，走向了正在焊接一个巨大铁架的三名工人。他问第一个工人："您在干什么呢？"那个工人很不耐烦地说："看到了还问！要吃饭就得干这种活。"

少年又向第二个工人提出了同样的问题。这个工人的语气虽然缓和些，但同样以不满意的口吻说："我们正在焊接铁块。"

少年走向了第三名工人。这位工人放下手中的活，抬起头望着他，满面笑容地说："我正在建造世界上最漂亮的大桥。"

三个人是在同样的地方、同样的时间，接受同样的报酬，干着同

样工作的焊接工。但是，他们对工作的态度截然不同。在他们之中，谁会获得最大的成功？谁最幸福呢？

我家里有亲爱的老婆和可爱的孩子。

如果这个少年走到你的面前问："您在干什么？"你会作出怎样的回答？

成功者具有一种习惯，那就是去做失败者所不愿做的事情。虽然他们也同样不喜欢做这样的事情，但是，他们依靠目标和意识的力量战胜了它，用积极的阳光心态，把不愿做的事情变成了想做的事情。

机会属于有准备的人。要想提高自己的个人价值，就应该立即把"该做的事"变成"想做的游戏"。如果实在做不到这一点，那就不要再对自己的学习絮叨不停，干脆放弃。

小帖士

优秀学生对待学习的七种态度

虽然学习不能选择，但是对待学习的态度是可以选择的。

不断地寻找新的学习方法，而不是墨守成规。

不要埋怨环境，而要创造环境。

学习不是为了别人，而是为了自己。

即使是不愿做的事情，但只要对达到目标有用，也要高高兴兴地去做。

喜欢学习本身，而不是学习所能获得的奖励。

干的要比要求的多，而不是要求多少干多少。

• 你今天的行动对他人却是奢望 •

把目标变为现实，一定要做三件事：第一，把目标具体化；第二，全力以赴；第三，付诸行动。凡成功者，都善于当机立断，一旦决定就全力以赴。

实干精神能够让青少年养成好的习惯，实现自己的愿望，从芸芸众生中脱颖而出。

诗人朗费罗曾说过："日常生活看似枯燥乏味却非常重要，就像时钟的发条一样，可以让钟摆均速地摆动，让指针指向正确的时间。当发条失去动力时，指针也不会再前进，始终静静地躺在那里，不再有任何价值。"很多人心存这样的想法：人人都在命运之神的掌握之中，所以，只有等待好运降临就行了。这是一个可怕的念头，对人的天赋、智慧、品格祸害最大。

要鼓起勇气、拿出力量、采取行动。常常对自己说："我要完成它！"以这种态度做事，没有不成功的道理。

一百多年前，有一位住在罗德岛的人，他殚精竭力，砌了一堵石墙，就像一位大师要创作一幅杰作一样，其专注程度甚至有过之而无不及。他翻来覆去地审视着每一块石头，研究这块石头的特点，思考如何把它

放在最佳的位置。砌好以后，从不同的角度，再细细打量，像一位伟大的雕塑家，欣赏着粗糙的大理石变成精美的雕塑，其满足程度可想而知。他把自己的品格和热情都倾注到每一块石头上。每年，到他农场参观的人络绎不绝，他也乐意解说每一块石头的特点以及自己是如何把它们的个性充分展现出来的。

你会问，砌一堵石墙有什么意义呢？这堵石墙已经存在了一个多世纪，这就是最好的回答。

在整个宇宙中，除了人，不存在任何游手好闲的东西，所有事物都根据自身的规律永不休止地运行着。“世界上最伟大的法则就是行动，”左拉说，“行动使有机的事物缓慢而有条不紊地朝着自己的目标前进。”生活没有其他含义，这就是自然的法则，任何事物一旦离开了行动，就会停滞。如果我们不再使用某种器官，它就会开始衰退。只有投入使用的东西，大自然才会赋予它们力量，那也是我们唯一能支配的东西。

德国人习惯在钥匙上刻这样的句子——“不用，就生锈。”这句话适用于铁，更适用于人。

• 别着急吃你的棉花糖 •

20世纪60年代，斯坦福大学教授沃特·米切尔对一群4岁孩子进行了一系列著名实验，就是如今众所周知的“棉花糖实验”，以考验儿童的耐心和延迟满足的能力。

在实验中，他依次把每一个孩子和一块棉花糖留在房间里，并告诉孩子，如果能在他回来之前不动那块棉花糖的话，就可以得到两块

棉花糖。当然，如果他们真的等不及了，也可以走上前去吃掉那块棉花糖。

结果，孩子们处理这个问题的方式很不一样。有的孩子连1分钟都等不及就去吃那块棉花糖了，有的孩子却可以为得到两个棉花糖等上15 分钟。通过米切尔和同事的追踪调查发现，那些等不及就去拿棉花糖的孩子，上学后，老师和家长的评价都不会太好，他们更有可能成为学校里的“小霸王”，多动，注意力不集中，成年后体重更容易超标，更易出现吸食毒品和酗酒的问题；而那些为了两个棉花糖而耐心等待15分钟的孩子的SAT考试成绩比等不及的孩子平均高出210分！

很神奇不是吗？这些研究发现的可不是小问题：自律能力是获得成功和幸福的关键。记住，学龄前儿童的延迟满足能力——等待第二个棉花糖——预示着青春期的智慧、学业成功以及社交能力。因为自律不仅能促进学习，自律的孩子抗压和抗挫折能力更强，也更有社会责任感。换句话说，自律不仅意味着学业上的成功以及在饭桌上表现得乖乖的，它还预示着更多幸福、更多朋友，以及更多的社会参与。而那些自我约束能力比较差的孩子，更有可能发生网瘾、具有攻击性、暴力倾向等问题。

科学家发现，现在的孩子比以前的孩子自我约束的表现更差一些。20世纪40年代，研究者进行了一个有关儿童“自我约束”的实验。研究者让他们的实验对象，3岁、5岁和7岁的孩子做一些对他们来说有难度的事情：例如，站得笔直笔直的。在20世纪40年代，3岁大的孩子可以理解但无法做到这件事，5岁大的孩子可以坚持5分钟，7岁大的孩子可以根据要求做得更久。但是研究者在2001年再做这项实验的时候发现，5岁大的孩子竟然很难做到这件事了——他们的表现跟40年代的3岁孩

子一样，而7岁大的孩子的自我约束能力也仅相当于之前实验中40年代的5岁孩子。

也许你已经听说过上面这些实验，但你知道吗？其实，你可以控制等待吃棉花糖的时间。也许你要问，我们怎样做才能养成生活中必不可少的自我约束能力呢？事实上，有一大把发展孩子自控能力的方法。棉花糖实验的研究者花了10年的时间去了解什么方法和技巧可以让人们增加意志力，抵御诱惑。总的来说，可以分为外在和内在两种。一种是外在制约，你可以通过训练去遵守规则并设定底限；还有一种是内在约束力，即自律能力。你可以塑造这n项能力：立规矩；执行力；适时转移注意力；责任心；爱心。

通过练习本章后面的方法和技巧，你就能更主动、更坚强、更自信。

1. 确立目标：连续30天使用时间管理表，坚持实施计划。

2. 确定你把绝大部分时间浪费在了什么地方。你真的需要花两个小时打电话、在网上冲浪或者收看那部重播的情景喜剧吗？

我最浪费时间的地方：________________

____

3. 你是个“讨好者”，对所有事和所有人都唯唯诺诺吗？如果是，那么从今天开始，在正确的时候要有勇气说“不”。

4. 如果你1周后有一次重要的考试，不要拖拖拉拉，等到前一天才开始温习。别浪费时间了，每天复习一点。

5. 想出一件你长期拖拉，但对你非常重要的事情，本周留出时间完成这件事情。

我一直拖拖拉拉的事情：

6. 列出你在今后1周中的10项最重要的大任务。现在，在你的时间表里留出时间完成这些任务。

7. 确认一种妨碍你实现目标的恐惧感。马上决定跳出你的舒适区，不要再让这种恐惧感战胜你。

妨碍我的恐惧感：

8. 同伴的压力对你有多大影响？确认对你影响最大的某个人或某些人。问问自己：“我做的事情是我自己想做的，还是他们想要我做的？”

对我影响最大的人：

我的训练计划

大多数人都是先穿袜子再穿鞋，为什么呢？你仔细想一想！你把事情先思考清楚了就不会有什么没有道理的事了。为什么气温在零下10℃以下时你会穿上外套再出门？为什么上床睡觉之前你不会喝含大量咖啡因的可乐？只要思考，这些都是显而易见的。这就是原则——即你只需要用这些很平常的知识或原理就能解决问题。所以说原则没什么特别之处，没什么不同寻常，只是些大多数人都知道的普通事情，只是些大多数人都能思考的事情。

很多人都有原则。他们都很善于思考，他们能够找到线索，当他们感觉有些事情想不通时他们就会仔细思考。答案其实就在你身边，只要你去努力思考就能找到！

1. 有些事情思考清楚后就不会没________。

2. 原则是指在解决问题时所利用的普通的________或________。

3. 许多问题可以通过寻找就在你面前的________来解决。

4. 用原则来解决问题的另一种方法是通过________地思考。

5. 善于思考的人都有________。

寻找线索

图中的哪些常识信息能帮你回答以下问题？

1. “十一月”的英文怎么写？

2. 校长的办公室在哪儿？

3. 坏了，我今天迟到了，又要挨批评了！

4. 今天可以去球场踢球吗？

5. 张博让我去他家玩，怎么走啊？

6. 这电视坏了？

想想办法

面对以下的问题，你怎么解决？

1.

2.

3.

4.

团队观念

许多工作都很复杂，不是能由一个人完成的，需要多人合作完成。考虑下列工作，并确定这项工作需要哪些人员？判断如果某个成员没有做好他分工的工作，会对整个工作有什么影响？

工作种类	工作成员	如果成员之一没有尽责会有什么后果
1. 布置教室		
2. 做大型拼图		
3. 物理实验		
4. 新年晚会表演		
5. 六一儿童节活动		
6. 学代会召开		
7. 班会		
8. 社会实践报告		

积极配合他人

以下哪些做法是与别人配合的？

1.

这个研究论文必须在明天放学前交上来。

我有安排了。我下周交报告——这没关系的。

教师：

2.

请您出示驾照，我要做例行检查。

给您，警察。

警察：

3.

接下来你一定要传球给董强，他们肯定想不到。

这好像不对吧——但我一定会照做的。

教练：

4.

这周以后的三个周末我们都要给学生补课，把落下的课程赶上来。

我家里有事，会请假的。

校长：

5.

你每天要锻炼，一定不要吃那么多垃圾食品！！

你疯了吗！我坚决不戒巧克力！

医生：

领导力测试

你是以下活动的组织者，你要分配安排人员各项工作，你会怎么做？

工作一：筹划一次全班同学参加的春游。

工作二：在一面墙上设计一期校板报。

工作三：准备一次十人的生日聚会，作为送给某个同学的生日礼物。

工作四：为爸妈打扫家里卫生。

工作五：组织一次三个校际间的球赛。

第5章

坐标三 个人技能

最大化实现自身价值的绿色通道

个人魅力是一笔巨大的财富，是一种巨大的影响力。它能使人广交朋友，创造财富，赢得帮助和支持。它为通向财富、名誉和欢乐打开了一条确实有效和相对容易的道路。

养成一个终生的锻炼习惯，比学习《十万个为什么》更重要。体育能给参加者三个品质的锻炼：接受失败、能吃苦、坚持。体育比赛有失败，失败了就要面对挫折；体育训练或锻炼的过程未必舒服，可能更多的是艰苦；体育需要坚持，无论是专业训练或是业余锻炼，没有坚持，任何体育锻炼都没有意义。这三个品质恰好是做事的基本要素，是职场看重的品质。成长于物质繁荣的今天，现代青少年很难自然得到这三个品质。体育精神可以弥补物质条件好所造成的品质缺失。

当然，其他的个人才艺和技能，同样可以锻炼意志、激发精神、活跃思维、积极心态、陶冶修养，迅速提升个人魅力。

• 你该跑多远 •

最近个别高校运动会停跑三千米的新闻引起社会关注。“停跑”的确是大学生体质下降的现象。大学生体质问题不是出在大学阶段，而是出在中小学期间。从小学到高中，我们的书包越来越重，奥林匹克体育精神被“奥数”培训取代。在智力的培养液中，学生豆芽般成长起来。百年前列强看不起中国人，最藐视的表达就是“东亚病夫”。没有强身，何来强国？

我的才能大搜查

下列人物拥有哪种才能？在□内加上√。

人物	能力/兴趣	才能							
		语言	逻辑	视觉	体能	音乐	人际	自知	自然
家琪	爱做科学实验								
	会拉小提琴								
	认识很多植物的名称								
	乐于助人								
志达	爱饲养小动物								
	有很多朋友								
	爱看图画多于文字								
	运动会掷沙包比赛亚军								
颖诗	讲故事很动听								
	能把心事清楚告诉妈妈								
	爱做小手艺								
	模仿歌星唱歌时很传神								
俊明	棋艺高手								
	爱画漫画								
	自觉复习，不需父母提醒								
	英文拼写比赛季军								

最近，看村上春树的书《当我谈跑步时，我谈些什么》，讲他自己25年来参加马拉松跑步的故事和领悟。我深有同感。我是10岁时开始跑步的，那时每天6点前后起来，从家住人民广场，跑到钟楼，来回超过三千米。过去长跑现在游泳，锻炼是我坚持得最久的生活方式。从1996年开始到现在，只要不出差就会每天游泳。80后们常常问我，你一定非常喜欢游泳，才能坚持这么久？真相是，我不是喜欢，只是坚持。人有悲欢离合，月有阴晴圆缺，我经常有不想游的时刻。譬如最近北京很冷，我顶着寒风，拖着偷懒的身体，强迫自己坚持走到游泳池边，再劝自己下水，然后心里默默地数来回。经常会故意多数一个，想到可以早点脱离苦海，士气就高一点。到了最后，内疚地把自己多数的那圈补上。就这样坚持了16年，春夏秋冬。

体育锻炼是养成教育。“运动第一，学习第二。”这实际上是很多欧美国家倡导的一种教育宗旨。滑铁卢战役后，世人问起取得胜利的英国将领威灵顿公爵其打败拿破仑的原因，他当时的回答震惊世界——“这场战争的胜利决定于伊顿公学的操场上”。当时的伊顿公学就明确“运动第一，学习第二”，学生每天运动不少于两个小时。所以说，运动培养的绝对不是四肢发达头脑简单的学生。“运动第一”实质上是人格培养第一。我们都希望把自己培养成意志坚强、人格健全、抗挫折能力强、富有开拓精神的人。基于这样的培养目标，你会发现，没有体育难以完成。

我们要用体育运动去有效地改造我们的精神。缺少或取消体育锻炼，就是体育精神的萎缩。毛泽东在1917年发表的《体育之研究》中说过：“体者，载知识之车而寓道德之舍也”，“无体是无德智也”。这些话讲得非常有道理，没有强壮的体魄，就不可能有道德有智慧。

• 运动精神就是人格精神 •

你去观察一下奥运会、世界杯等，体育运动一定是讲究遵守规则、一定是讲究团队合作、一定是讲究忠于职守、一定是讲究崇尚荣誉的。而这些，都是健康人格和社会化的重要指标。我们现在丧失运动精神，实际上是丧失人格精神。

一个精英人才要具备杰出的能力、很强的社会责任感、很深的平民情怀。所谓杰出的能力，包括身体素养（强健的体魄）、知识修养（丰富的知识积累）。这些是最基础的。但哪个地方能培养这些杰出能力呢？很多学生是通过去外面打工、实习获得的。所以问题的关键在于你自身是如何培养杰出能力的？你做好了成为精英人才的准备吗？有些青少年不用说有社会责任感，连对自己的责任感都没有，更没想到过怎样促进社会的平等。更多的青少年将所有精力都放在学习上，心理有问题、人格有问题都不管。他们带着残疾的心态成长，去追求现实的、功利的利益，最后的结果就是整体的浮躁。

有人感叹："美国的大学是当今奥林匹克运动最大的基地。"在2012年伦敦奥运会上，罗切特、菲尔普斯们获得的成绩甚至可以让许多国家望尘莫及。事实上，这次美国代表队有高达80%的运动员是从各高校选拔出来的。可能你会怀疑他们的"大学生"身份是不是带有补偿性质的荣誉学位，但事实是，一旦他们因为训练和比赛荒废了学业，也只能像其他同学一样无法毕业。无数事例和研究充分说明，锻炼身体与健康的生活方式能提高心智发挥，影响情绪健康。

体育锻炼增强了学生之间的认同感，培养学生的专注、拼搏和团队精神，健康的生活方式，让人精力更充沛，更加努力学习，通过体育运动塑造人格。而这些自然而然地发生在各运动队为所在班级和年级的荣誉而奋战的过程中。

比如，每支球队都是临时组建的，大家彼此并不熟悉，但即使是个人能力极为突出者也不会刻意进行炫目的个人表演，更多的是通过集体跑位和传接球来完成比赛。要知道这并不是机械的服从，而是来源于自发。每次踢完散场之前，这一群陌生人都会拍拍队友和对手的肩膀，说："干得不错！哥们！"

体育精神应该并不只是停留在"更高、更快、更强"这样的纯竞技层面，更可以在潜移默化中让人懂得要遵纪守法，不要违法乱纪；要有团队精神，不要单打独斗；要善于与他人沟通，不要闷头自闭；要不断提高自己迎接新的挑战，不要骄傲自满固步自封。这不正是青少年成长的目标吗?

哈佛在"育智"的同时，也通过健康饮食和定期锻炼来"育体"。哈佛弘扬体育只是提供了鼓励的环境、丰富的机会，在这里，有如此之多有组织、不拘形式的体育活动供学生选择：俱乐部运动、校内运动、场馆健身、舞蹈社团，以及在哈佛园大片郁郁葱葱的草地上或宿舍楼的庭院里自发组织的足球和棒球赛。

哈佛学生为了成功地平衡伴随课程与社团活动而来的紧张、保持充沛精力、做一个兴趣广泛、全面发展的学生，身体健康对他们至关重要。没有足够强健的身体，学生们就无法做到所说的这一切。除却课堂上学到的东西，课外获得领导能力，并认识到运动作为一种生活方式的重要性。

事实上，每个人从小对体育真是有爱在里面，体育锻炼可是一件大事。即使是大冬天，放风筝、滑冰都玩得非常开心。每个人一想到这，都会开心地笑起来，是吧？

• 体育与学术的异曲同工之妙 •

一方面，一些人对运动员嗤之以鼻。在他们看来，运动员过于重视训练、过于追求完美、过于渴望胜利。另一方面，却希望青少年为学术荣誉而竞争，无视学术事业和体育运动之间还有什么联系。

体育竞赛不同于学术竞争，两者的一个重大差别在于：在体育比赛中，输就是输，赢就是赢。失败是无法否认的事实。在这样的环境下，运动员往往需要有健康的心态，并以这种良好的心态感染身边的人。运动员共同承担失败的责任，而不是推卸责任。他们可以输掉比赛，但他们不会被击垮。在他们眼里，胜利属于整个团队而不是个人。事实上，学术竞争和体育比赛并没有人们想象的那么泾渭分明，只是体育领域的人们更敢于承认他们为竞争而生，而取得胜利是毋庸置疑的事情。

与其他领域的竞争一样，体育上的胜利同样属于天资聪颖、阅历丰富的学生。高水平的体育竞赛可以提升学生的素质，使其达到卓越境界。从这点来看，体育竞赛与学术之间的竞争有异曲同工之处。在任何领域，追求卓越可以超越娱乐——追求卓越可以是一种美，它能给人类的灵魂带来深深的满足感！

• 求胜——其实是为了战胜自己 •

马荟本科毕业于中国科学技术大学，伦敦国王学院硕士。6岁起开始游泳训练，国家二级游泳运动员。她深有体会地说："对于每个游泳运动员来说，身后的池水就像是动力的源泉，也是绝望的深渊，但更多的时候是一个没有硝烟的'战场'。在这个'战场'奋斗多年以后，我才明白原来要战胜的对手不是别人，而是自己。"

游泳带给她的影响是超乎想象的。比如无法适应大学的课程学习时，校园社团活动进行得步履维艰时，为了考研每天起早贪黑地守在自习室却看不到一丝希望时……就在要放弃的那一刻，脑海中却总会浮现出过去那些似乎永远也不会结束的游泳训练时的画面。一想到当时那么辛苦自己都坚持到了最后，这些小困难又怎能轻易把自己打倒呢？

如今，当她看着不会游泳的小孩，从最初鼓足勇气进入一个令人感到陌生、恐惧的水世界中，双脚失去坚实地面的支持，到通过自己的四肢运动完成前进，奋力实现每一个呼吸，开始领悟到，游泳不是因为别人或者比赛，而是为了获得通过努力超越自我的满足感。这便是他们对待体育运动的态度——只要上场就意味着全情投入，哪怕这只是一场业余活动，也终于明白体育运动中所谓的求胜心，要战胜的其实不是对手，而是自己。

《中国青年报》在《体质不强，何谈栋梁》文章中专门谈到："如果学生在进入社会时，仍未养成体育锻炼的意识和习惯，又将如何担得起实现中国梦的重任？"

我们在校所学的知识毕业三五年以后可能就过时了，能给自己一

辈子也不过时的东西是什么呢？那就是不论怎样，都不会丢弃的、体育教育所培养出的勤奋刻苦和顽强意志品质。

• 良好的口才是成功的助燃剂 •

很多人的成功，在相当大的程度上归功于他善于辞令。第一印象最重要，而口才好的人最能给人留下深刻的第一印象。优雅的谈吐可以使自己广受欢迎，更有助于事业的成功。国外很多议员和高级官员，就因为出色的口才让他们得到了这一切。

与熟练掌握说话艺术的人交谈，简直就是一种享受。娓娓道来的声音就像音乐一样，钻进我们的耳朵，打动我们的心灵，或让人精神振奋，或给人安慰。

无论在什么场合，如果你能够表达清晰、用词简洁，再加上抑扬顿挫、娓娓道来的语调，就能够吸引听众、打动别人。再加上周到的礼节、优雅的举止，人人都喜欢与这样的人交往。这无形中提升了你的个人魅力，瞬间凸现出来。

卡尔·舒尔茨回忆印象中的林肯时说：

第一次见面，他对我说话的口气又随和又亲切，好像我们是老相识似的……然后我们一起就坐。他语音很高，又很悦耳……他的模样、朴实无华的言辞，没有一丁点矫揉造作，也没有任何优越感，让我感到我们好像从小认识、早就是好朋友。我们交谈时，他经常在谈话中插进新奇的故事，每个故事又切合当时的

话题……他是有史以来最乐于与人交谈的美国总统。

通常，人们愿意穷其一生去学习科学、文学和各种知识，却完全忽视了语言能力的训练和提高。很多人，在自己的专业领域有很高的造诣，在社交场合却羞于开口、沉默不语，像一个无足轻重的人，还有比这更令人沮丧的吗？看到那些才能不及自己十分之一的人，在公众场合滔滔不绝，吸引着所有人的注意力，自己却静静坐在一旁，只有洗耳恭听的份儿，心里能平衡吗？这会让你失去多少本该属于你的机会啊！而其实你们的区别在于，他平时注意培养自己的语言表达能力，你却毫不在意。

语言表达能力是一个人综合能力的反映，从中可以看出他的知识、才能、阅历和修养。不管他治学严谨还是做事马虎，不管他思维敏捷、条理清晰，还是思想懒散、不求上进，都可以从他的语言中看出来。

从谈话的内容和方式中，你可以看出他读了哪些书、掌握了哪些思想，你们可以看出他的择友之道，看清他的思想轨迹、生活习惯，也可以知道他的所作所为和生活阅历。

谈话本身也是一次深刻的自我教育。一个健谈者会表现出机智灵活、思维敏捷、判断准确、精力集中等特点。在交谈中，充满爱心，心胸开阔、慷慨大度，表现出缜密的逻辑推理能力，丝丝入扣的分析能力，以及自己独到的见解。

林肯在正式场合的演讲，激情洋溢、抑扬顿挫、富有感染力。葛底斯堡大捷后，他的一番讲演趁热打铁地鼓舞了士气：

87年前，先辈们在这片大陆上创建了一个新的国家，它孕育于自

由之中，奉行人人生而平等的原则。

现在，我们正在从事一场伟大的内战，以考验这个国家，或者说以考验任何一个孕育于自由、奉行上述原则的国家是否能够长久存在下去。

我们在这场战争中的一个伟大战场上集会。烈士们为使这个国家能够生存下去而献出自己的生命，我们在此集会，就是为了把这个战场的一部分奉献给他们，作为最后安息之地。

我们这样做是完全应该，而且是非常恰当的。

我们应该把自己奉献给仍然留在面前的伟大任务，从这些光荣的死者身上汲取更多的献身精神，来完成他们已经完全彻底地为之献身的事业；下最大的决心，不让他们白白牺牲；让国家在上帝的保佑下得到自由的新生，让这个民有、民治、民享的政府永世长存！

要想做出一番成就，要想拥有很高的素养，提升自己的人格魅力，努力提高自我表达能力吧，这会使自己受益无穷，是一生的财富。

小帖士

林肯的谈话原则

1. 与人见面，尽量不要给别人留下不愉快的印象。

2. 与人交谈，语言要简单亲切，不要有任何优越感，要让人感到他和你从小认识。

3. 千万不要忘记，幽默是一种重要的说服人的方法。

4. 痛痛快快地笑，对身心健康有好处。

5. 举一些浅显幽默的例子，比什么都更有说服力。

6. 用简单的故事说明你的观点，往往能避免别人冗长乏味的议论和自

己费力的解释。

7. 一个贴切的故事，能够减轻拒绝或批评造成的尖锐刺激，既达到谈话的目的，又不伤感情。

8. 私下交谈比任何其他方式更能赢得下属的忠诚。

信守对自己的诺言

1. 连续3天在计划起床的时间起床。

2. 确认一项必须今天完成的容易的任务，并决定何时去做，如把要洗的衣物放在一起、作为英语作业阅读一本书。现在信守自己的诺言，把它完成。

实施小的友善行为

3. 今天做一件匿名好事，如写一个感谢条、把垃圾袋拿出去或为某人铺床。

4. 看看周围有什么事，你能完成它而让自己有所改变。如清理附近的一个公园、自愿到老年活动中心服务，或者为某个视力不佳的人读书读报。

开发自己的才能

5. 列出你希望今年能有所发展的才能，写下发展才能的特殊步骤。

我希望今年有所发展的才能：……………………

如何做到这点：……………………

6. 列出你最欣赏的其他人的才能

人名：……………………

欣赏的才能：________

对待自己要宽容

7. 想想生活中你觉得自己表现较差的领域。现在深深吸一口气，对自己说："这不是世界末日。"

8. 尝试一整天都不要有关于自己的负面想法。每次发现有负面想法都记下来，你必须用三个有关自己的正面想法来替换这个负面想法。

让自己得到休整、恢复

9. 决定一个能振奋自己的有趣的行动，而且今天就做。例如，放音乐跳舞。

10. 感到瞌睡了？立刻站起来，绕着街区快步走。

诚实做人

11. 下次父母问起你的情况，告诉他们所有的事情，别忽略一些信息以误导或欺骗他们。

12. 整整一天，尝试别夸大，也别修饰！

试做一些惊人之举

13. 若有电视拍摄人员来我家拍我的绝活，我会开始做：

____

____

____

14. 我最好的朋友的绝技是：

____

____

____

15. 我做得不错的一件事是（记住，才能可以表现为善于在公众场

合讲话、倾听、做一个好朋友等方面)：

16. 努力发掘你的独特才能。请你所信任的某个人谈谈你有什么独特之处，然后记在下面：

17. 如果没有时间、金钱或身体条件的限制，我想发展的才能或特长是（想出一个不受任何限制的发展计划。)：

18. 在“梦想计划”中我可用来制定一项现实计划的事情是：

19. 我的计划中现在就可落实的事情是：

我的训练计划

制造幽默

下面哪种情况下可以制造幽默？想想怎样才能在安全又恰当的时机制造一些幽默？可用画漫画、做游戏等方式。

1. 与同学一起吃午餐

2. 剪头发

3. 没完成家庭作业

4. 带方言的亲戚来家

5. 去医院输液

6. 打篮球

7. 在高速公路上

8. 遛狗

要善意的笑而不要嘲笑

以下哪些漫画中是善意的笑？哪些是在嘲笑别人？在你选的上面打钩。

1.

我俩的眼光一样，撞衫了。

善意的笑　嘲笑

2.

那个板报是你做的吗？哈！哈！哈！

善意的笑　嘲笑

3.

她竟然把5说成50，而且还说了5遍？

善意的笑　嘲笑

4.

哈啰，你笑起来更好看！

善意的笑　嘲笑

5.

我们那时多可笑啊！刚换牙，还有那脏衣服！

善意的笑　嘲笑

6.

这衣服怎么像橄榄球服啊？那袖子，像云彩啦！

善意的笑　嘲笑

创造快乐

你会为别人着想吗？看下面别人的做法，想想你是怎样活跃气氛的？把你自己的事写一写或画成画。

1.

2.

3.

下来吧——这水又干净又暖和，非常好！

4.

高兴点，吃块巧克力就开心了。

5.

美娜认为她脸上长痘不好看，都不愿意见人。咱们分别去问她那头发是在哪儿剪的吧，咱们都想剪一个和她一样漂亮的发型。

6.

林涛进的那个篮板球确实很投机！不过我们还是赢了，我们去祝贺并叫他“神枪手”吧！

观察他人面部表情

察言观色是人际关系中的一个重要因素。你要注意了解他人的表情、声调、神情等，还有信息表达的可信度。一个人的面部表情能告诉别人他当时是什么心情。把下面这些情绪表达词与面部表情图对应起来。每幅图中的人在想什么，或发生了什么？

______1. 气愤　　______2. 迷惑　　______3. 乏味

______4. 无奈　　______5. 紧张　　______6. 惊讶

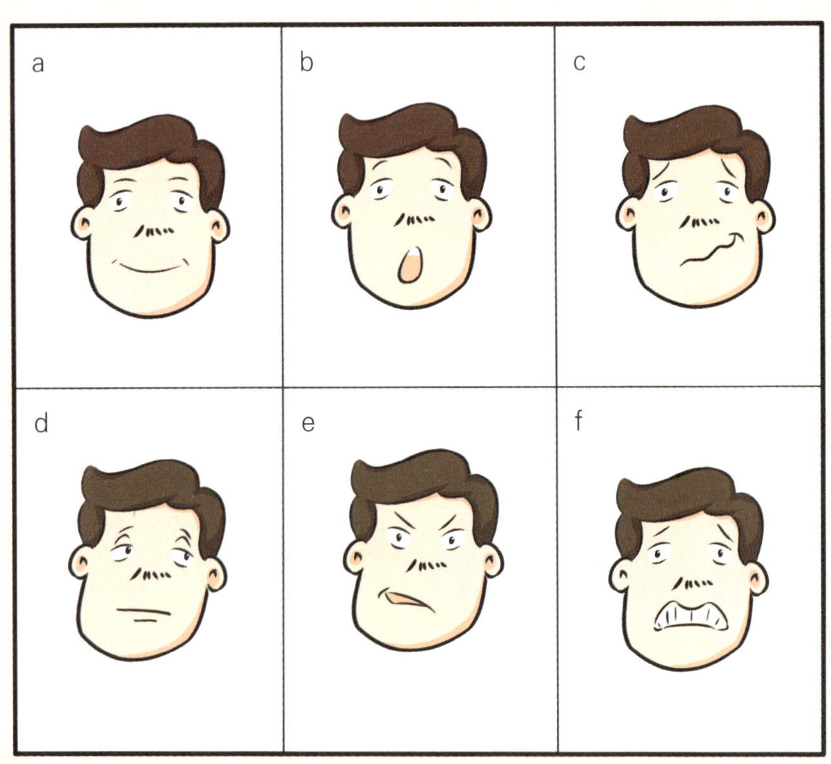

观察他人身体语言

从下面人们的表情或身体语言传递出来的信息找到线索，把图画中的字母标在相对应的横线上：

______1. “你站得离我太近了——请给我留点私人空间好吗？”

______2. “我不同意你说的。”

______3. “你再说说，我感兴趣。”

______4. “你真的很细心，我喜欢你。”

______5. “你做的事我没兴趣，我要回去上课。”

______6. “我不喜欢别人碰我。”

______7. “我喜欢有人碰我。”

______8. “我难过，因为没人理我。”

第 6 章

坐标四 社交能力

和谐关系才能双赢

一个人的成功，30%靠才能，70%靠人际关系。

幸福的关键是什么？每个人都想知道：什么能让我真正开心？金钱？地位？还是荣誉？

如果非得选出一件与人类幸福关系最大的事情，我要说是我们与他人的人际关系，而不是别的什么。生活乐观开朗的人比悲观消极的人拥有更丰富的社交网络，这是因为你开心，别人才会愿意跟你做朋友；反过来，拥有朋友也会让我们更快乐。

良好的人际关系可以帮我们减轻压力，让我们身心更健康。与他人分享趣事和积极的情感能带给我们更多的欢乐。同样，人际关系也影响着青少年的健康成长和幸福。如果青少年经常被同龄人拒绝，就会产生很多问题，比如在学校时表现很差劲，当他们成年后更有可能触犯法律，或者出现精神方面的问题。而那些能够发展良好人际关系的青少年和社交能力强的青少年，则更容易成功。

社交能力指的是在和别人相处时，能从他们身上得到满意的结果，并达到个人的目的。这种能力对于一个人受欢迎的程度、领导力以及有效的人际交往起到关键的作用。它包括：

1. 沟通：开放地聆听，传递具有说服力的信息；

2. 影响力：使用有效的策略来说服他人；

3. 合作：与他人合作并在团队中预热和谐协作；

4. 管理冲突：通过谈判化解矛盾。

如果社交能力较差，我们就无法和他人保持亲密的人际关系。一旦交际能力得到提高，就开始懂得维系友谊，和周围的人建立融洽关系，拥有乐善好施的品格。等到掌握了高级关系技能，我们就会拥有包括领导力、团队推动、任务管理、把关监督和维系友谊在内的一系列技能。

朋友关系自我测验

先做一下自我测试。

盘点你的选择	才不是				没错
1. 我总是努力认识更多的人，结识新朋友。	1	2	3	4	5
2. 经常和我在一起的朋友对我有积极的影响。	1	2	3	4	5
3. 我并不排斥任何人，但是也不属于任何排外的小圈子。	1	2	3	4	5
4. 我有一两个真正的朋友。	1	2	3	4	5
5. 我对一个人没有充分的认识之前，不会做任何先入为主的判断。	1	2	3	4	5
6. 我对朋友十分忠诚，不会背后说他们的坏话。	1	2	3	4	5
7. 朋友犯了错误，我会很快原谅他们。	1	2	3	4	5
8. 我是个很好的倾听者，不会一人独占谈话。	1	2	3	4	5
9. 我不仅仅是对认识的人友善，对所有人都很友善。	1	2	3	4	5
10. 我坚持自己的观点，不会盲从周围人的意见。	1	2	3	4	5
		总分：________			

将你的分数加起来，看看自己做得如何。

你目前在大路上，坚持下去！

你在大路和小路之间犹豫不定，到大路上去！

你正走在小路上，请认真阅读本章内容。

默契从何而来

你一定见过那么一种人，能跟遇到的任何人一拍即合，我的同事王强就是这样。跟他聊天，你能感受到他的热情和真诚。谈到尽兴处，我注意到，他摸他的脸颊，我也会下意识地摸自己的。我身子前倾，他也会。当你与对方建立默契时，你们相处得如此融洽，你们的非语言交流——你的一举一动，你的姿势，也开始趋于一致。王强善于社交，所以他能很快与他人情感协调一致，建立起热情、积极参与的融洽关系。

与人建立默契是社交能力的核心之一。你一定想知道王强是如何做到的。这个诀窍就是，让人们与他人很快保持协调一致，建立默契的关系。尤其是下面两点，我们可以经常练习。

1. 多用眼神交流。要知道，相互的眼神交流是人与人之间产生默契的重要因素，这种积极的情绪，会让我们对彼此关注，从而产生良好的感觉。例如，别人受伤了，如果我们用眼睛看着他们，那么我们的面部表情就可能模仿受伤者脸上的痛苦。我的一个朋友，他并不经常跟孩子进行口头交流，而是很有耐心地用眼神交流。他和孩子说话时，会下蹲到跟孩子一样的高度，看着孩子的眼睛，直到孩子能够理解他的感受。

2. 用正面、积极的表情和语调。除了用眼神进行交流，我们也可

以通过语调和面部表情来交流。如果老师给学生负面评价时，仍流露出热情和认可，那么学生多数会认为这个谈话是积极的。同样，我们可以利用这个原理，跟同学、父母建立默契：当我们的表情和语调表示“我爱你”，即使我们说的是批评的话，他们也更有可能接受这种批评。我们需要练习这种与人交流的技巧。比如，我女儿美娜的朋友茜茜邀请她一起参加一个活动，但是美娜已经跟另一个女孩有别的计划了。她知道茜茜会失望，甚至可能会感觉有点儿被忽视。于是，美娜用一种能让茜茜感到她很在乎她们之间友谊的态度，来告诉茜茜这个消息，结果她们顺利地解决了这个问题。

• 光杆司令没有前途 •

从小被称为天才，曾惊动了街坊四邻的人现在从我们的记忆中消失了，原因何在？在学校一直是班里尖子生的同学没有获得很大的成功，原因何在？以第一名的成绩考入医科大学，毕业后开了业，却没有成为名医，原因又何在？独自一人能做的事情很小，但是众人一起就能做成大事。

许多心理学研究表明，EQ比IQ对成功产生更为重要的影响。情商包括感情认识、感情调节、自我动机化、对人关心能力等有关情感、社会性的能力，其中能够换位思考，与人发生共鸣

的人际交往能力是获得成功的最重要的因素之一。

从水蚤到非洲森林里生活的猴子都知道，如果不融入群体，绝不可能长期生存。这些动物懂得融入群体能得到很多好处，其中最大的好处够防止被食肉动物吃掉。

生物学家威尔蒂认为，水蚤在聚成群体后，受到攻击的可能性显著减少，因为成群的水蚤能够分散捕食者——鱼的注意力，当鱼准备捕食一只水蚤时，它的注意力会被周围的其他水蚤所吸引，从而漏掉原来的目标，结果，当捕食者遇到高密度的水蚤群时，它所能吃掉的水蚤数量相对较少。这种现象被称为水蚤对捕食者的“搅乱效果”。

生物学家艾尔利发现，金鱼处在群体中时吃的食物比它单独生活时要多，成长速度也更快。这并不仅仅是因为食量增加的原因。即使吃同等数量的食物，群体生活的金鱼也比单独生活的金鱼成长速度快。

高等动物猴子如果脱离群体也将面临严重的危险。它不仅可能遭到捕食者的攻击，而且还可能遭到其他猴子的攻击和骚扰。如果你看到一只猴子孤独而行，那肯定是被群体抛弃了，或是受到了其他猴子的骚扰。

我们在回忆生活中最高兴和最不高兴的事情时，总会联想到某个

人。这表明，我们感觉到的幸福和不幸与人际关系有着密切的联系。

无论是哪一种文化圈，人们总是喜欢与自己亲密的人在一起。有些自己不愿干的事情，如果和朋友们在一起干，就会觉得很起劲。这是因为良好的人际关系能够创造良好的心情。

许多人都说，比起和大家在一起的时候，独自一人时的郁闷心情更强烈。众人一起做时感到很兴奋的事情，如果让一个人单独做，就会感到没有乐趣，兴奋不起来，并且很容易产生疲倦的感觉。

人际关系对我们的生活如此重要，主要是因为：第一，生活中的满足感主要来自人际关系，如果人际关系出现问题，对一切事情的欲望就会降低。第二，与他人的纠纷将产生不安、愤怒、忧郁等消极感情，从而浪费精力和时间。第三，由于新的思路和信息主要来自与他人的交流，孤立的人必然会受到损失。

忠诚是一笔丰厚的投资

我永远难忘中学二年级时，我和我的朋友睿奇一起去看过的一场中学篮球比赛。我开始拿一个总坐在替补席上的选手开玩笑。他是个不错的家伙，跟我也很好，但许多人都开他的玩笑，于是我觉得我也可以这么做。睿奇笑了笑。就在我嘲笑了那家伙一阵后，我凑巧转过身去。天哪！他的弟弟就坐在我后面。他听到了一切。我迅速转回身，一声不吭地看完了后面的比赛。我觉得自己像个大傻瓜，一个可笑的大傻瓜。那个晚上，我确实上了有关忠诚的重要一课。

你能进行的最大的感情投资之一就是对别人忠诚，不仅是当着他们的面，尤其是在他们不在场的时候更要如此。当你在背后议论别人时，

你是在以两种方式伤害自己。

首先，你会让每一个听到你的话的人都退避三舍。如果你听到我在雷格不在场时说他的坏话，那你觉得我在你不在场的时候会对你做些什么呢？你会觉得我也会议论你。

其次，当你讲别人坏话或议论别人的时候，你无形中疏远了被你攻击的人。你感觉到有人在你背后诋毁你吗？你听不到，但你可以感觉到。这很奇怪，但这是真的。如果你当面一套，背后一套，不要以为他们感觉不到，世上没有不透风的墙。

说闲话是青少年，尤其是女孩的一大毛病。男孩通常会用其他方式攻击别人（我们称之为拳头），而女孩则用语言。为什么嚼舌头是个普遍的问题？其一，这是一种强烈的感觉，你玩弄别人的声誉于自己的股掌之中；其二，我们闲聊是因为我们感到不安全、害怕和受到威胁。这就是为什么闲聊的人通常喜欢捉弄那些长相出众、想法独到、自信或某方面突出的人。但是，诋毁别人而突出自己不是很愚蠢吗？

闲聊和谣言可能比其他任何坏毛病加起来都更多地破坏了名誉和关系。但一点点忠诚就能解决许多问题。那么，如何做一个忠实的人呢？

忠实的人会保守秘密。当别人告诉你一些事情并要求“只能你知我知”时，那么就对天发誓：“只有你和他知道”，不要四处散播每一个细节，就像你的身体功能不受控制一样。如果你喜欢听秘密，那么就守口如瓶，这样你才能听到更多的秘密。

忠实的人不嚼舌头。你有没有曾经想过退出一群人的闲聊，因为你担心有人要开始说你的闲话？不要让别人觉得你说别人闲话，要像躲避狂犬病一样避开闲聊。这并不意味着你不能谈论别人，而是要用一种有益的方式来谈论。记住，智者谈论主张，弱者谈论别人。

忠实的人维护别人。下一次碰到一群人谈论另一个人时，不要参与其中，而要维护那个人。你这样做时不要去刻意标榜自己是正直的。迪娜讲述了这样一个故事。

一天，在英语课上，我的朋友马特开始谈论我邻居家一个跟我并不亲密的女孩。他的朋友请她出去跳过舞，于是他就说“她下贱”，“不要脸”。

我转过身说：“抱歉，吉米和我一起长大，我觉得她是我遇到过的最可爱的女孩之一。”说完后，连我都对自己感到吃惊，实际上我正设法跟她相处。虽然吉米从不知道我替她说话，我对她的态度还是改变了，我们真的成了好朋友。

亲爱的妈妈：如果您同意让我养狗，我保证将完成下面的工作：

1. 每周练五次钢琴。
2. 努力善待兄弟姐妹。
3. 当我们打扫房间或做其他家务时，我将出更多力气。
4. 我会对老妈和老爸更好。
5. 我的生活将更有条理，保持卧室和浴室整洁。
6. 我的生活将更加快乐。
7. 吃饭时我会吃得更多，增加锻炼身体的机会。
8. 开学后，我会按时完成家庭作业，尽最大努力取得好成绩。
9. 我会读更多的书。
10. 我会尽力不耍性子，服从您的教导，绝不顶撞。
11. 我会照顾好家里的狗。

马特和我仍然是好朋友，我想他知道他可以把我看作是一个忠实的朋友。

消除闲聊的毛病需要勇气。但是，在最初的尴尬之后，人们会钦佩你，因为他们知道你忠实可靠。我还要忠实于我的家人，因为这种关系将维系一生。

像《小熊维尼》中所表现的，人们需要从他们的关系中感受到安全和安心。

小猪悄悄走到小熊身后。

“小熊。”他小声说。

“什么事，小猪？”

“没事。”小猪拉起小熊的手说，“我只是想感觉到你的存在。”

• 学会倾听 •

每个人都会遇到挫折与坎坷，在我们不小心跌倒的时候，在我们忧郁伤心的时候，在我们遭遇失败的时候，只要有人能在旁边听我们诉说，一切的痛苦都会变得无足轻重。在你的朋友家人遇到挫折、碰上烦恼的时候，学会真诚耐心地倾听他们的诉说，给他们一个宣泄情感的机会。倾听就好像春天刚发芽的绿草，可以给人带来活力与希望；倾听就好像夏日里的一阵清风，可以给人带来一丝清凉。倾听不仅可以帮助周围的人减轻痛苦，还能得到欣赏与信任。

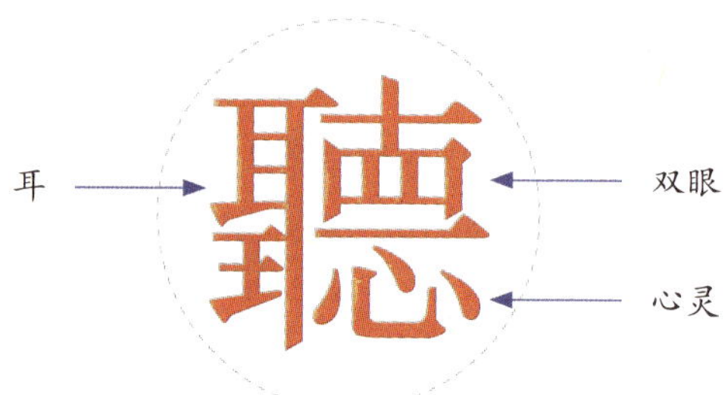

如果你留心，你会发现，一个爱发牢骚、脾气又大又坏的人，在一个有耐心且极富同情心的倾听者面前会慢慢软化下来。倾听有时就像太极拳一样，能以柔克刚，是智慧与成熟的表现。

几年以前，纽约电话局发现一个用户总是对接线员恶言相加，这个用户的脾气特别不好，有时他特别生气了，还会威胁要把电话连根

拔起。后来，他坚决拒绝缴付某些费用，说那些费用是无中生有的。最后，他写信给报社，还到公共服务委员会提出了无数次的申诉，也告了电话局好几状。

纽约电话局非常无奈，只能派公司最干练的调解员去会见这位挑剔的用户。这位调解员静静地听着，让那位暴怒的用户痛快地把他的不满全部吐出来。电话公司的调解员耐心地听着，不断地说“是的”。

“他滔滔不绝地说着，而我倾听着，几乎有3个小时。”这位调解员把他的经验在卡耐基班上叙述出来，“然后，我又继续倾听下去。我见过他4次，在第4次会面结束之前，我已经成为一名他要成立的一个组织的会员，他把它叫作‘电话用户保障协会’。我现在仍然是这个组织的会员，而就我所知，除了那位老兄之外，我是这个组织唯一的会员。”

“我倾听着，对他的这几次见面中所发表的每一个论点抱着同情的态度。他从来没见过一个电话公司的人这样跟他谈话，于是他变得友善起来。在第一次会面的时候，我甚至没有提出我去找他的原因，第二次和第三次也没有，但是第四次的时候，这件事就完全解决了，他把所有的账单付了，而且撤销了公共服务委员会的申诉。”

弗洛伊德是近代最伟大的倾听大师。一位曾遇到过弗洛伊德的人，描述着他倾听别人时的态度：“那简直太令我震惊了，我永远都不会忘记他。他的那种特质，我从没有在别人身上看到过，我也从没有见过如此专注、有着敏锐的灵魂洞察和凝视事情的能力的人。他的眼光是那么谦逊和温和，他的声音低柔，姿势很少，但是他对我的那份专注，他表现出的喜欢我说话的态度，即使我说的不好，还是一样，这些真

的是非比寻常。”

倾听不仅是一种艺术，也是一种技巧。倾听需要专心，每个人都可以透过耐心和练习来发展这项能力。倾听是了解别人的重要途径，能获得良好的结果。倾听时要适时给予鼓励和表示理解，比如“对的”、“是这样”、“你说得对”或点头微笑表示理解，都能鼓励谈话者继续说下去，并引起共鸣。在倾听别人诉说的时候，要在一个阶段后积极地反馈给对方，相当于一个极大的鼓舞，反馈包括希望其重复刚才的意见或重点表达，如“你刚才的意思或理解是……”等。比如，在朋友向你诉说的过程中，你不仅要耐心地倾听，而且要适时地插上一两句富有情感的安慰话，抑或为朋友出出点子，想想法子，朋友的烦恼会因此减轻，他会觉得你这样的朋友才是真正的依靠。

小帖士

五种倾听别人意见的坏习惯

倾听是沟通的四大基本形式之一，其他三大形式是读、写、说。如果你仔细想一下就会发现，你从一出生起就开始学习如何更好地掌握读、写、说的能力，可是你什么时候上过使你更善于听取别人意见的课呢？

别人说话的时候我们很少去注意听，因为我们常常急于做出反应、妄加判断，或是以我们自己的思维定式琢磨他人的话。我们在倾听时经常会表现出以下五种坏习惯：

1. 走神

2. 假装在听

3. 时听时不听

4. 听话只听声

5. 以我为中心地听

我们所说的不良反应有三种：下结论、提建议和刨根问底。

下结论。有时我们在听别人说话时，我们会暗暗对说话者和他们所说的话下结论。如果你急于下结论的话，你就没有认真听别人的话，不是吗？谁都不希望别人对自己下结论，他们只想别人听听他们的意见。

提建议。指的是根据我们的经验提出建议，就是你经常从长辈那里听到的“我在你那个年龄时如何如何”诸如此类的话。

刨根问底。在别人还不打算与你分享感情前你就努力去挖掘这些感情，这就是刨根问底。你是否这样做过？做父母的就经常对孩子们这样做。t，可是你还没有做好交流的准备，老妈的做法就显得有点儿过分，于是你更不愿向她敞开心扉了。

• 真诚赢得尊重和信任 •

要想赢得他人的信任就要抱着一颗真诚、坦率的心。每个人都希望得到别人的真诚相待，然而，要想别人真诚待你，你就应当首先主动真诚地去对待别人。你怎样待人，别人也会怎样待你。你与人为善、真诚待人，别人也会如此待你。

有一天，鲁迅先生穿着一件破旧的衣服到理发店去理发。理发的

人看到他破旧而且还有点脏的衣服就认为他是个穷人，于是，在剪头发的时候就简简单单地糊弄了一下。在理完发之后，鲁迅先生从口袋里胡乱抓了一把钱给理发的人，然后就一声不响地走了。理发的人仔细数过钱后，发现这个人多给了他好多钱，在心中暗自高兴了很久。

一个月之后，鲁迅先生再一次来到这家理发店。理发的人一眼便认出了这个上回多给了自己很多钱的顾客。这次他的态度完全不一样了，他对鲁迅先生的态度客气极了，理发的时候也十分用心。谁知道付钱时，鲁迅先生却很认真地把钱数了又数，一个铜板也不多给。理发师觉得很奇怪，便问他为什么。鲁迅笑着说："先生，上回你胡乱地给我剪头发，我就胡乱地付钱给你。这次你很认真地给我剪，所以我就很认真地付钱给你！"理发师听了觉得很惭愧，连忙向鲁迅道歉。

著名文学评论家傅雷先生曾经说过："有了真诚，才会有虚心；有了虚心，才肯丢开自己去了解别人，也才能放下虚伪的自尊心去了解自己。建筑在了解自己了解别人上面的爱，才不是盲目的爱。"真诚与坦率是我们做人最基本的原则，不管是在生活中，还是在学习上，也不管是在现在，还是在未来，我们只有做到真诚与坦率，才能赢得应有的尊严与信任。

真诚与坦率不是我们口头的承诺，也不是我们心中的希望，它是我们在实际生活中与人交往时累积起来的点滴信任。我们应该真诚对待他人，真诚对待生活中的一切，时时处处展示真诚与坦率。

阿拉伯有个国王，把国家治理得井井有条，但是没有继承人。于是他打算在全国挑选王子，他的标准很独特，就是给所有想当王子的孩子发一些花种子，谁能培育出美丽的花，谁就做王子。国王规定的

期限到了，许多穿着美丽衣服的孩子们都涌上街头，拿着鲜花盛开的花盆，然而国王并不开心。后来当国王看到一个拿空花盆的孩子，他竟然宣布这个孩子将被立为王子。“为什么会这样？”大家不解。国王说：“我发下的花种全部是煮过的，根本就不可能发芽开花。”捧着鲜花的孩子全部低下了头，因为他们全部都换了花种。

著名的心理学家阿德勒曾经说过：“对别人不真诚的人不仅一生中困难最多，对别人的伤害也最大，人类所有的失败几乎都出自这种人。”真诚与坦率不仅决定了我们是否可以赢得他人的尊重与信任，还决定了我们是否可以获得成功。一个人如果可以真诚地对待自己的朋友、同事或陌生人，那他一定会得到真诚的回报。这样不仅改善了自己的人际关系，而且也树立了自己的公众形象，从而有利于自己获得成功。

请回忆一下，他人的真诚与坦率是否曾经给你带来过感动，如果有就请你拿出同样的态度去回报这些人。你给老师的问候是出于礼貌还是真诚的付出？你在接受别人赞扬时的一句谢谢是客气还是真诚的感激？你在接受他人批评时的难过是伪装还是真心？对于每件事、每个人我们是否够真诚和坦率？

在真诚、坦率待人时需要注意：

真诚不能虚伪

虚伪的东西很可能比真诚的漂亮，可它再美也是外表的。没有内涵的东西，纵使有一个华丽的皮囊又有何用？埋在地底下的金子，是怎么也掩饰不了它的光华的，就像真诚的魅力，终究会放射出耀眼光芒。

用行动展示真诚

真诚不是我们嘴上说的，也不是心里想的，而是需要用实际行动去展示的。在生活中我们要真诚地为家人分担辛苦，要真诚地和朋友承受苦难，要真诚地给予陌生人帮助。只有在这些现实活动中展现出我们的真诚，才能获得真正的幸福与快乐。

坚持不懈地真诚

真诚对待一个人、一件事不难，难的是真诚对待每一个人、每一件事。如果你为了某个目的而假装真诚，你是不会收获你想要的信任与尊重的。只有坚持不懈地做到真诚才能有所收获。

小帖士

破坏人际关系的7种恶行

以自己为中心行动：在意见相左或对方失误的时候，不要设身处地考虑别人，而要单方面地无视对方，辛辣地责难对方。这是不懂得相互交往中，看法不同是正常的这一道理。

绝不称赞、感谢和道歉：对方做的再好也不“称赞”，得到帮助的时候不“感谢”，自己错了的时候不“道歉”。要想使对方感到遗憾或使对方生气，不感谢、不道歉就能做到。

抓住对方的弱点进行人身攻击：抓住一件事找出对方所有的缺陷，如外貌、出身背景、学历、收入、财产等等，然后进行全方位的攻击。

打断别人的话，抓住话柄：在对话的时候，尽可能不给对方说话的机会，

如果对方说话了，就打断他的话，并抓住他的话柄穷追猛打。

责难对方时要连带上他周围的人：如果责难对方觉得不过瘾，就连带他的家人、校友等有关系的人一起责难。

提起对方不愿涉及的敏感话题：要想使对方反感，就突然提起对方不愿意涉及的敏感话题，并把对方的困惑当作笑话看。

胡乱猜测判断，并同别人做比较：随意猜测，随意判断，单方面地要求对方，并随时与别人作比较。

• 善待他人，就是善待自己 •

每个人活在这个世界上都躲不开人际交往，所以怎样与人交往就成了一个永恒的话题。有人主张热情、大方，有人抱着“君子之交淡如水”的态度。其实，人与人的交往很简单，只要能像善待自己一样善待他人，就能在交往的过程中无往不利。季羡林先生曾经对好人下过一个定义，认为好人就是想到别人的时候比想到自己的时候稍微多一点。其实，善待他人就是善待自己。因为只有善待他人，才能调整失衡的心态，解脱孤独的灵魂，走出无助的困境；只有善待他人，才能在人生的道路上，拥有充实快乐的感觉，踏入充满机遇的境界，走向充满希望的未来。

善待他人不仅是一种美德，也是我们为人处世的根本。当我们在善待别人时，必然也会感到来自他人的回应。人们常说：“帮助他人，惠及自己；关爱他人，快乐自己；赠人玫瑰，手有余香。”其实，我们每一个人的存在，都是以别人的存在为前提条件的。所以说一个人只

有善待他人，自己才能存在，在社会生活中享有做人的资格与权利。同时，只有在善待他人时，自己的内心才会获得幸福和快乐。

一个极其寒冷的冬天夜晚，路边一间简陋的旅店来了一对上了年纪的客人。不巧的是，这间旅店早就客满了。“这已是我们寻找的第十六家旅社了，这鬼天气，到处客满，我们怎么办呢？”这对老夫妻望着店外阴冷的夜晚发愁地说。

店里的小伙计不忍心让这对老人出去受冻，便建议说：“如果你们不嫌弃的话，今晚就住在我的床铺上吧，我自己在店堂里打个地铺。”老夫妻非常感激，第二天要照店价付客房费，小伙计坚决拒绝了。临走时，老夫妻开玩笑地说：“你经营旅店的才能真够得上当一家五星级酒店的总经理。”

“那更好！起码收入多些可以养活我的老母亲。”小伙计随口应道，哈哈一笑。

没想到两年后的一天，小伙计收到一封寄自纽约的来信，信中夹有一张往返纽约的双程机票，信中邀请他去拜访当年那对睡他床铺的老夫妻。小伙计来到繁华的大都市纽约，老夫妻把小伙计引到第五大街和三十四街交汇处，指着那儿的一幢摩天大楼说：“这是一座专门为你兴建的五星级宾馆，现在我们正式邀请你来当总经理。”

年轻的小伙计因为一次举手之劳的助人行为，他的命运从此发生了巨大的改变。这就是著名的奥斯多利亚大饭店经理乔治·波菲特和他的恩人威廉先生一家的真实故事。

如今，很多人都不能很好地领会善待他人就是善待自己的道理。其实，善待他人看起来是一种付出，但事实却是一种收获。付出的是自己的爱心，收获的是别人的感激与尊重。懂得善待他人，才能更好

地融入到社会中去，获得真正的伙伴与朋友；才能拥有良好的心态，不让自己在孤独与无助中挣扎；才能在人生的道路上拥有充实快乐的感觉，从而踏入一个充满机遇的境界，走向一个充满希望、光明的未来。

也许你也有过事事不顺的一天，你觉得沮丧极了。就在这时候，有人走到你身边，对你说了几句宽慰的话，顿时你的心境全变了。有时候，最不起眼的小事——一句问候，一个字条，一句赞美，一个拥抱——就会产生巨大的效果。如果你想拥有友情，那就努力从点点滴滴做起，因为在感情关系中，点点滴滴都非常重要。

善待自己的亲人

当一个人来到世上，最先接触的人际关系就是与周围亲人的关系。一个不懂得善待亲人的孩子，将揣着一颗自私和冷漠的心走向社会，他得到的将是孤独和冷寂；一个懂得善待亲人的孩子，将揣着一颗友爱和宽容的心走向人群，他得到的将是温暖和接纳。

善待弱者

攻击性是每个人隐藏在本性里的冲动力量。向弱小者发泄，他会在心里丢弃同情和正义。这样的孩子也容易向强横屈服，见着“羊”便显“狼”样，见着“狼”便显“羊”样。善

待弱者的孩子，心里充满温柔和同情，他内心的冲动力量只为正义而发，这样的孩子将会培养起一种伟大、光明的人格。

善待对手

我们生活的这个社会，时时处处都充满了竞争。在竞争中容易长出人心的毒瘤：嫉妒、憎恨、敌意。而我们要懂得：对手固然是一种威胁，但也历练了我们，要感谢对手使我们永远不敢懈怠。学会换位思考，一个人有了健康的心态，就会有健康的人际关系、健康的生活态度。善待他人，就是为自己幸福成功的人生奠定了基础。

• 选择真正的朋友 •

俗话说，"一个篱笆三个桩，一个好汉三个帮。"人生在世，谁也离不开朋友，少不了友谊。有人说朋友就像一本书，可以帮我们打开整个世界，但并不是每个朋友都能为我们的生活带来光明与快乐。良朋益友可以带来很多的帮助，恶朋佞友却会给你带来许多的麻烦，引你走上邪路，因此，选择朋友一定要谨慎。朋友是人一生中最宝贵的财富，纯洁美好的友谊可以让人受益一生。

有个哲学家在奄奄一息时，把儿子叫到身边，问他："孩子，在你的身边有多少人是你的朋友啊？"

儿子想都没想就骄傲地说："我身边有100个朋友。"

听完儿子的话，哲学家语重心长地对儿子说："我的年纪比你大得多，可是回顾我这一生，却只找到了一个朋友。你的回答是不是太草率了一点？我的儿，好好审视你的朋友，看看他们当中是否有一个是你真正的朋友。"

随后，哲学家对儿子说："你把一头小牛剁成碎块放进一只麻袋里，然后再把麻袋在血里浸泡一下，最后再把它拿到你的一个朋友那儿去。"

儿子按照父亲的吩咐去做了。他带着麻袋去找第一个朋友，结果吃了闭门羹。于是他又见了第二个，第三个，直到最后一个——第一百个朋友，可是每个人都把他赶走了。最后，他只能失望地回到父亲身边。

这时，哲学家对儿子说："在一个人成功时，他有很多朋友，但当他陷入灾祸时，他们就像雾一样消失得无影无踪了。你可以去找我刚才跟你说过的我那一个朋友，听听他会怎么回答你。"于是，儿子带着血淋淋的麻袋找到父亲的朋友，请求他的帮助。他父亲的朋友看到后，二话没说就把他带进屋子里，以免让邻居看见。随后，父亲的朋友把妻儿都打发出去。只剩他们两人时，他开始在院子里挖坑穴。坟墓挖好了，他把麻袋里真正的东西掏了出来。

故事中的儿子在面对自己100个朋友的拒绝后，一定非常伤心与失望。但他在看到父亲的朋友是如何帮助自己的时候，心中一定还是能感到温暖的。一群朋友也许会让你感觉不到寂寞，但却不能让你感觉温暖。我们在交朋友的时候，应该注重的是“质量”而非“数量”。在

现在这个社会上，人与人之间的关系越来越复杂，因此，人与人之间没有完全的信任，除非是真心的朋友。

我国有句俗话叫：“近朱者赤，近墨者黑。”交什么朋友，就会受什么影响。《颜氏家训》中有一段话：“人在少年，神情未定，所与款狎，熏渍陶染……是以与善人居，如入芝兰之室，久而自芳也；与恶人居，如入鲍鱼之肆，久而自臭也。”事实确是如此。青少年的思想与个性尚未定型，很容易受朋友的熏陶感染。所以，我们要学会如何找到真正适合自己的朋友。

• 协作增效——我们都是独特的个体 •

你是否曾看到雁群排成人字形飞到南方去过冬？它们为何要这样飞行？科学家们已经得到了一些令人惊讶的答案：

◎ 如果排成队列飞行，整个雁群飞行的路程比单只大雁飞行的距离长73%。当一只大雁拍击翅膀时，就会为后面的大雁制造上升气流。

◎ 当领头的大雁疲劳时，就会轮换到人字形队伍的尾部，让另一

只大雁占据领头的位置。

◎ 后面的大雁发出“呷呷”的叫声，给前面的大雁鼓劲。

◎ 大雁无论何时掉了队，马上就会感到独自飞行的阻力，很快会回到队伍中来。

◎ 最后，当一只大雁由于生病或受伤而掉队时，有两只大雁会随它一起飞落到地上，帮助和保护它。它们守着受伤的大雁，直至这只雁出现好转或死去。然后，它们会加入新的雁群，或者组织自己的队伍去追赶前面的雁群。

这些大雁可真是聪明！它们借助彼此的气流，轮流占据领头的位置，用叫声相互鼓励，保持队形，关心伤员，从而飞出了比孤雁远得多的路程。这让我纳闷，它们在哪学习的协作增效？

什么叫“协作增效”？概括地说，如果两三个人携手合作，能比单独任何一个人更好地解决问题，那就是协作增效。不是按你的方法或是按我的方法，而是一种比较好的方法，比较高明的方法。学会协作增效就像是学会与别人排成人字形的队列，而不是试图独立在生活中闯荡。你会惊讶地发现，你行进的速度将大幅度加快，行进路程将大幅度延长！

协作增效随处可见

在大自然中，协作增效随处可见。高大的红杉树（高度能超过90米）一丛丛地生长，共用交缠在一起的庞大根系。如果没有彼此，它们就会被风暴连根拔起。

许多植物和动物以共生的方式生活在一起。如果你看到过小鸟在犀牛背上啄东西吃的照片，你看到的就是协作增效。双方都能受益：

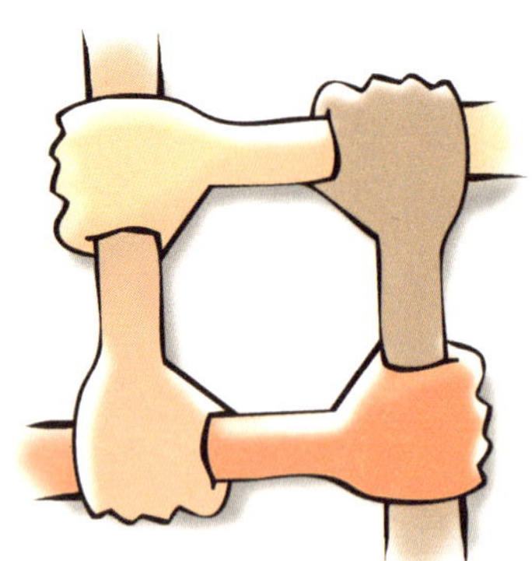

小鸟吃饱了，犀牛干净了。

协作增效不是什么新鲜东西。如果你曾经参加过任何形式的运动队，你就会感受到这一点。如果你曾经参加过卓有成效的集体项目或者真正有趣的团体约会，你就会感受到这一点。

优秀乐队就是协作增效的杰出典型。制造“音响效果”的不是鼓手、吉他手、萨克斯管吹奏者或人声，而是所有人组成的整体。乐队的每位成员都要发挥自己的长处，制造出比单独一人更好的效果。没有一种乐器比另一种乐器更重要，它们只是各不相同罢了。

欣赏差异

协作增效并不只是一种现象。这是一个过程。你要为之而努力，努力的基础就是：学会欣赏差异。

我永远不会忘记自己在中学时认识的一个人，他叫唐涛。起初，我被他吓得要死。我是说，这家伙的身材就像坦克，长得恶狠狠的，以当街斗殴出名。我们的模样、服饰、谈吐、思想和饮食都不一样（你真该看看这家伙吃东西的样子），我们唯一的共同之处就是打篮球。那么，我们是怎样成了最要好的朋友的呢？也许就是因为我们太不一样了。我从来都不能肯定唐涛在想什么，或者他接下来要干什么，这可实在是太有意思了。打架的时候，我尤其为成为他的朋友而感到高兴。他有着我不具备的优点，我有着他不具备的优点，所以我们俩成了最佳拍档。

好家伙，幸亏这个世界上并没挤满像我一样思想行事的克隆人，真该为了这种多样性而谢谢老天。

当我们听到“多样性”这个词的时候，我们往往会想到种族和性别差异。但是，它的含义远不止这些，还包括体貌特征、服饰、语言、财富、家庭、宗教信仰、生活方式、教育、兴趣爱好、技能、年龄、风格等等方面的差异。

整个世界正迅速成为文化、种族、宗教和观念的大熔炉。鉴于你身边的这种多样性在不断增强，你必须要做个重要决定，想想自己该如何应对这种局面。以下是你可以采取的三种手段。

一级：回避多样性

二级：容忍多样性

三级：欣赏多样性

回避者的特点。回避者害怕差异，有时甚至会吓得要死。如果某个人的肤色不同，崇拜不同的神，或者穿着不同牌子的牛仔裤，他们都会感到不安，因为他们深信，他们的生活方式是“最好的”、“正确的”或“唯一的”。他们喜欢嘲讽那些不同的人，与此同时认为他们正在拯救整个世界，使其免受罪恶的侵袭。如果有必要，他们会毫不犹豫地动用武力。他们经常会加入流氓团伙、小集团或反这反那的组织，因为人多势力大。

容忍者的特点。容忍者认为，所有人都有权与别人不同。他们不回避多样性，但也不拥抱多样性。他们的座右铭是：“你爱怎样就怎样，我爱怎样就怎样。你爱干什么就干什么，让我也爱干什么就干什么。你别惹我，我也不惹你。”

尽管他们接近于协作增效，但永远也达不到这个层次，因为他们

认为差异是一种障碍，而不是可以强化的潜在优势，他们不明白自己错过了什么。

欣赏者的特点。欣赏者看重差异。他们把这些差异看作优势，而不是弱点。他们知道，与想法相似的人相比，两个思维不同的人能取得更多的成就。他们意识到，欣赏差异并不意味着你一定要赞同那些差异，你只是看重它们。在他们看来，多样性=创造的火花=机遇。

那么，你属于哪一类？严格审视一下。如果别人的服饰与你不同，你会看重他们独特的着装风格，还是认为他们“没跟上潮流”？

如果有人和你住在城镇的不同地区，你会觉得他们能教给你一些东西，还是由于他们居住的地点而给他们起绰号？

其实，欣赏多样性对我们大多数人而言是一场斗争，结果要视具体情况而定。例如，你也许欣赏种族和文化多样性，与此同时却又因为某些人所穿的衣服而看不起他们。

我们都是独特的个体

如果我们意识到，从某种意义上讲，我们都是独特的个体，那么我们就比较容易能欣赏差异了。我们应该记住，多样性不仅是外在的，也是内在的。

我们学习的方式不同。正如你也许已经注意到的那样，你的朋友或同学动脑子的方式与你不同。托马斯·阿姆斯特朗博士把智能分成七类。他说，如果利用自己最擅长的智能来学习，学生们也许会取得最好的学习效果。

◎ 语言：通过阅读、写作和讲故事来学习

◎ 逻辑与数学：通过逻辑、范例、类别和关系来学习

◎ 身体与运动感觉：通过身体感觉、触摸来学习

◎ 空间：通过形象和图画来学习

◎ 音乐：通过声音和节奏来学习

◎ 人际：通过与别人的互动和交流来学习

◎ 内心：通过自身的感受来学习

每一种都不比另一种更有效，只是不同而已。你也许擅长逻辑与数学，你的同学也许擅长人际。你可能会说她是古怪的，因为她的话太多了；你也可能会利用这些差异，让她帮助你改善演讲课的表现。到底会采取哪种态度，要视你对多样性的态度而定。

我们看待事物的方式不同。每个人看待世界的方式不同，对自己、他人和生活有着不同的看法。我们的风格、特点和性格不同。以下练习并不是深层分析，而是以一种有趣的方式审视你的总体性格和个性特点。这个练习是北卡罗来纳州的立法学院（Legislator's School）设计的，选自凯瑟琳·巴特勒（Kathleen Bulter）的《尽在你的头脑中》（All in Your Mind）一书。

看看每一行，在与你最吻合的空格中填"4"。现在，在与你次吻合的空格中填"3"，用同样的方法给剩下的词语标注"2"和"1"，每一行都这样做。

然后，加出你每一栏的总分（当然不包括例子），把总分写在下页表的方框里：

第一栏：葡萄 □　　　　第二栏：橙子 □

富有想象力	2	勤于探究	4	实事求是	1	善于分析	3

第一栏		第二栏		第三栏		第四栏	
富有想象力		勤于探究		实事求是		善于分析	
适应力强		爱询问		有条理		爱批判、挑剔	
举一反三		富有创造力		直截了当		爱辩论	
有个性		敢于冒险		态度实际		学究气	
灵活		善于发明		办事精准		系统性	
与人分享		独立		有条不紊		通情达理	
合作		富有竞争力		完美主义者		逻辑	
感觉敏锐		冒险		苦干		智力	
感情关系		善于解决问题		善于规划		精于阅读	
联盟		原创		记忆		考虑周到	
自然		改革者		需要指导		评判者	
交流		发现		谨慎		推理	
体贴		挑战		演练		审查	
感受		实验		行动		思考	

第三栏：香蕉 □　　　　第四栏：西瓜 □

如果你的最高分在第一栏，你就是葡萄。

如果你的最高分在第二栏，你就是橙子。

如果你的最高分在第三栏，你就是香蕉。

如果你的最高分在第四栏，你就是西瓜。

葡萄：

与生俱来的能力包括：

◎ 善于反思

◎ 感觉敏锐

◎ 办事灵活

◎ 富有创造力

◎ 倾向于群体工作

葡萄在以下时候的学习效果最好：

◎ 可以与别人合作并共享

◎ 劳逸结合

◎ 可以交流

◎ 没有竞争的环境

葡萄可能难以：

◎ 给出准确的回答

◎ 专注于一件事

◎ 组织

为了拓展风格，葡萄需要：

◎ 更多地关注细节

◎ 不要匆忙行事

◎ 在做决定时不要感情用事

橙子：

与生俱来的能力包括：

◎ 实验

◎ 独立

◎ 好奇心强

◎ 探索不同途径

◎ 制造变革

橙子在以下时候的学习效果最好：

◎ 能利用试错法

◎ 产生真正的成果

◎ 有竞争的环境

橙子可能难以：

◎ 满足时间限制的要求

◎ 听从教导

◎ 适应没有多少选择余地的情况

为了拓展风格，橙子需要：

◎ 委托一些责任给他人

◎ 更多地接受别人的想法

◎ 学会分清轻重缓急

香蕉：

与生俱来的能力包括：

◎ 规划

◎ 搜寻事实

◎ 组织

◎ 服从指导

香蕉在以下时候的学习效果最好：

◎ 在有条理的环境中

◎ 有特定成果

◎ 能放心让别人去履行责任

◎ 处在可预料的环境中

香蕉可能难以：

◎ 理解别人的感受

◎ 应对反对意见

◎ 回答“如果……怎么办”的问题

为了拓展风格，香蕉需要：

◎ 更多地表达自己的感受

◎ 听取对别人观点的解释

◎ 别那么僵化

西瓜：

与生俱来的能力包括：

◎ 就各种观点展开辩论

◎ 找到解决办法

◎ 分析各种想法

◎ 决定价值或重要性

西瓜在以下时候的学习效果最好：

◎ 能得到各种资源

◎ 能独立工作

◎ 由于智力才干而受到尊重

◎ 遵循传统方法

西瓜可能难以：

◎ 参加群体工作

◎ 接受批评

◎ 婉转地说服别人

为了拓展风格，西瓜需要：

◎ 接受缺憾

◎ 考虑所有的可选方案

◎ 顾及别人的感受

欣赏你自身的多样性

我们往往会问，哪种水果最好？回答是，真是个傻问题。

我有三个兄弟。尽管我们有许多共同之处，比如鼻子的大小和相同的父母，但我们的差异也很大。更年轻的时候，我总是试图向自己证明，我的才能比他们出色，“当然，你可能比我外向。但谁在乎呢？我在学校的表现比你好，这一点更重要。”后来，我知道了这种思维是多么愚蠢，而且学会了赞赏这样一个事实——他们有自己的长处，我也有我的优点。谁都不比谁更好或者更差，只是各不相同而已。

正因为如此，如果一个异性（你梦想约会的意中人）对你不感兴趣，你不该感到那么沮丧。你也许是此间最美味和最令人垂涎三尺的葡萄，但他/她想找的或许是香蕉。无论你多想变成另一种水果，你就是一颗葡萄，而他们想要的是香蕉（不过别急，总会有人要找葡萄的）。

你不要试图调和各种特征，也不要试图像其他所有人一样，你应该为自己独有的差异和品质感到自豪和欣喜。水果沙拉之所以美味可口，恰恰是因为每种水果都保持了自己独特的味道。

欣赏差异的障碍

尽管协作增效的障碍很多，但最主要的障碍有三个：无知，小集团和偏见。

无知。无知意味着你一无所知。你不了解别人的想法、感受或者他们的经历。在理解残疾人的问题上，就经常会出现“无知”的现象。正如克丽斯特尔·李·赫尔姆斯在向《镜报》投递的稿件中解释的那样。

我叫克丽斯特尔。我身高5英尺1英寸，有着金色的头发和褐色的眼睛。不错，是吧？如果我告诉你，我是个失聪的人，你作何感想？

在完美的世界上，这不会也不应该构成问题。然而，我们并不是生活在一个完美的世界上，所以这就成了问题。一旦有人知道我听不见，他们的态度就完全变了。突然之间，他们开始以不同的态度看待我。人们的反应会让你感到吃惊。

我遇到的最常见的问题是：“你怎么会失聪的？”当我告诉他们之后，他们的反应也像问的问题一样如出一辙：“噢，真抱歉。太惨了。”每当发生这种情况，我干脆直视他们，冷静地告诉他们：“不，真的，一点都不惨。不要道歉。”无论他们的意图多么善良，但怜悯总是让我不舒服。

并非所有人的态度都会让我奋起自卫，有些想法简直滑稽透顶。我正在和朋友打手语，一个我不认识的傻瓜走了过来，打开了话匣子。

“失聪像是什么感觉？”

“我不知道。能听见东西又是什么感觉？我是说，没法说‘像什么感觉’。该什么样就是什么样。”

你看，就是这样：如果你遇到失聪的人，不要把他们当作残疾人

或者不幸的人。相反，要花些时间了解他们，探究失聪究竟是怎么一回事。如果能这样做，你不仅会敞开心扉地了解别人，而且更重要的是，你能了解自己。

小集团。想要与那些你乐于交往的人待在一起并没有错，只有当你这一群朋友排斥外人，拒绝接纳所有与自己不同的人时，这才会成为问题。关系紧密的小集团很难看重差异。外人感觉就像二等公民，集团内部的人则往往会产生高人一等的情结。不过，打入小集团并不困难。你只需放弃自己的个性，被他们吸收，成为派系的一员即可。

偏见。你是否曾经由于长相不同、口音太重或者住在城市不同的小区而遭遇别人的成见、偏见或被起绰号？我们不是都有过这样的经历吗？

尽管我们生而平等，但不幸的是，我们并没有得到平等对待。令人悲伤的事实是，由于许多人抱有偏见，因此，形形色色的少数派在生活中往往要逾越更多的障碍。偏见是我们始终要与之斗争的障碍。

我们并非生来就抱有偏见，这些东西是学来的。例如，孩子根本意识不到家庭贫富的问题。但是，随着他们渐渐长大，他们就会开始沿袭别人的偏见，筑起高墙。

捍卫多样性

幸运的是，这个世界上随处都有珍视多样性的热心人。下面杨光讲述的这个故事就是捍卫多样性和拿出勇气的精彩例子。

几年前，我曾经见识过令我肃然起敬的勇气。

在一次中学集会上，我讲到了欺负别人的问题，以及我们每个人都可以勇敢地保护别人，而不是贬低别人。然后，我们留出一段时间，

你提携我
我提携你

我们一起
进步

所有人都可以离开座位，在麦克风前讲点什么。学生们可以向曾经帮助过他们的人道谢，有些人上来了，而且确实道谢了。有个女孩感谢朋友们帮助她挨过了家庭变故，有个男孩谈到了一些曾经在他经历情感危机时支持过他的人。

然后，毕业班的一个女孩站了起来。她走到了麦克风前，指着二年级所坐的位置，向全校发出了呼吁：“我们不要再损那个男孩了。不错，他确实和我们不一样，但我们是一个集体。他的内心与我们没有差别，需要我们的接纳、爱、同情和赞许。他需要朋友。我们为什么总是残酷地对待他，欺弄他？我要向全校发出呼吁，减轻他的重负，给他一个机会！”

她讲述这一切的时候，我一直背对着那个男孩所坐的位置，我不知道他是谁。但是，全校学生显然都知道。我几乎不敢向他坐的地方看。我想，这个孩子肯定是红着脸，想钻到椅子底下去，让全世界看不见他。但是，当我回头看去，我看到一个男孩咧开嘴大笑着。他的整个身体都一颠一颠的，举起拳头在空中挥舞。他的身体语言说：“谢谢你，谢谢你，说下去，你挽救了我的生活！”

一旦你接受了这个想法，认为差异是个优势，而不是弱点，一旦你决心至少要尽力欣赏差异，你就为找到“高明”的方法做好了准备。佛教对中庸的定义并不是折中妥协，而是更高明的手段，就像三角形的顶点一样。

协作增效不只是妥协或合作。妥协是1+1＝1.5。合作是1+1＝2。协作增效是1+1＝3，甚至更多。这是一种创造性的合作，强调的是“创

造性”，总体大于各部分的总和。

建筑工人最了解这一点。如果一根宽10厘米、厚5厘米的横梁能承受408斤的重量，那么两根这样的横梁就应该能承受960斤的重量，对吧？其实，两根这样的横梁能承受1440斤磅的重量。如果你把它们钉在一起，就能承受3856斤磅的重量，三根钉在一起能承受6702斤的重量。音乐家也知道这个原理。他们知道，当C调和G调和谐地搭配在一起，就产生了第三种调——E调。

如果找到高明的方法，就能事半功倍。

在物理实验课上，老师示范了动量原理。我们的任务就是制作一个像中世纪那样的弹弓，我们把它叫做南瓜发射器。

我们这一组有三个人——两个男孩和我。我们的差别很大，所以我们想出了许多不同的方法。

我们中的一个人想用蹦极的绳索制作发射器的弹索，另一人想用拉紧的绳子。我们每种都尝试了，但都不太成功。后来，我们找到了一种方法——同时使用这两种材料，弹力比单独的任何一种材料都大得多。这真酷，因为把弹射的距离增加了1倍。

实现协作增效

无论你是在约会和晚间外出的问题上与父母起了争执，或是和同伴一起组织学校活动，或简直就是无法达成一致，都有一种方法能“实

现协作增效”。以下是帮助你实现这一目标的五个简单步骤。

让我们试着用这个行动计划来解决问题，看看它是如何发挥作用的：（见下表）

实现协作增效的行动计划
明确问题和机遇所在
他人的方法
（首先要努力了解别人的想法） 我的方法
（然后阐述你的想法，争取别人了解） 集体自由讨论
（形成新方案和新想法） 高明的方法
（找到最佳解决方案）

复印这个行动计划，把它放在你经常能看到的地方。

团队工作和协作增效

出色团队的成员往往有五个不同类型，每类成员都发挥着不同但重要的作用。

苦干者。他们兢兢业业，一直苦干到任务完成。

追随者。他们非常支持领导，如果他们听到了好主意，会火速加以实施。

革新者。他们是富有创造力、点子多的人，他们能制造生机和活力。

协调者。因为他们愿意与别人合作而且鼓励合作，他们会提供团结和支持，并且是出色的协作增效者。

展现者。和他们一起工作很有趣，但他们有时很难对付。他们往往为团队的成功添加了必要的趣味和动力。

出色的团队工作就像一部伟大的乐章。所有的人声和乐器可能会同时发声或奏响，但它们不是在相互较量。单独地看，乐器和人声会发出不同的声音，奏响不同的音符，出现不同的停顿；不过，它们交织在一起，就形成了一种全新的音响效果，这就是协作增效。所有人都展示了他/她的才能，以不同的方式作出了贡献。

团队工作和协作增效的美妙的副产品就是：它能加强感情关系。曾经参加过奥运会的篮球选手德博拉·米勒·帕尔莫尔说得很清楚："即使你打的是生命中最重要的一场比赛，你将刻骨铭心的也是团队协作的感觉。你会忘记比赛、投篮和分数，但你永远不会忘记自己的队友。"

•"对不起"为什么那么难说出口•

要维持友好的、信任的关系，最重要的是承认错误并进行道歉的态度。但是，首先道歉并不是那么容易的事情。

在大多数情况下，一旦人际关系中出现问题，人们最想听到的是对方的道歉，最讨厌听到的是对方的辩解。但是，我们向对方说的最多的是辩解，说的最少的是道歉。为什么如此？这是因为我们心中有两杆秤，在衡量自己和他人的时候使用的是不同的秤。在衡量他人的时候使用的是吝啬的秤，而在衡量自己的时候使用的是宽容的秤。

有的人认为，道歉就是承认自己的错误，而承认错误就是输给了对方。也就是说，不愿意道歉的最大理由是不愿意丧失自尊心。从心理学来说，不知道歉的人其实是自尊心不足的人。一个没有内在的安

定感和自信心的人，是决不会道歉的。

不愿道歉的另一个理由是一旦道歉将带来精神的、物质的负担。承认错误并道歉将会带来由此而来引起的应有的补偿负担。例如，摔坏了同学的杯子，一旦承认错误就要赔偿杯子。

我们不习惯于道歉的另一个原因是在成长过程中所受到的教育。家庭、学校、社会要求我们做到完美无缺，因此，我们对失误和错误的反应比正确的东西更为敏感。许多人在学校和家庭所受的教育，更多的不是对做对的事情的称赞，而是对错误的惩罚。因此，认为一旦承认错误就会受到惩罚，从而不敢轻易地道歉。

另一个原因是在成长过程中没有学习到道歉的态度。如果不能从父母或大人那里学到适当道歉的方法，那么，即使对自己所犯错误感到尴尬和不好意思，也不懂得道歉。

为了维护自尊心，为了避免精神和物质的负担，我们不愿承认失误，在尴尬的境地也不进行道歉。相反，在出现问题的时候，

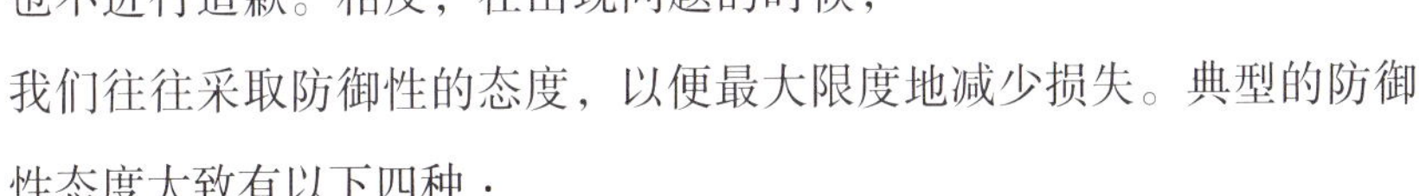

我们往往采取防御性的态度，以便最大限度地减少损失。典型的防御性态度大致有以下四种：

第一，否认错误本身。例如，摔碎了杯子的同学拒不承认是自己摔的。第二，虽然承认错误，但认为错误的原因在对方，以使自己的错误正当化。例如，虽然承认是自己碰到的，但是因为有一个同学推了他。第三，虽然承认行动带来的损失，但寻找借口进行辩解，不承认是自己的错误导致的。例如，迟到的人常以“塞车”为借口回避自

己的责任。第四，承认错误，但不好意思道歉，而用开玩笑的方式加以处理，结果使情况更为恶化。例如，试图用“生气啦？”“大傻冒一个！”这样的话来安抚对方，结果在许多情况下招致对方更加生气。这是因为：关系是依靠信任感形成的，而信任感是依靠责任感形成的。

而要恢复日趋恶化的关系，最有效的一个方法是一方首先道歉。道歉可以使两人的关系变得更牢固。“大雨过后土地更坚硬”，说的就是这个意思。

不久前，我开车去离家不远的打折商店买东西，天色已晚，还下着雨，我在并线的时候没有确认后面有巴士。瞬间，只听见后面传来急刹车的声音和喇叭声音。一会儿，这辆巴士超过了我的车，停在了前面，一个看起来比我年轻得多的司机从车上下来，瞪着两眼大声冲我喊道：“你疯了，想找死啊！”我马上道歉：“真对不起，没有确认一下就并了线。”他立刻转过身去上了自己的车。如果我不立刻道歉，而是责备他出言不逊的态度，可能就会发生一场激烈的争吵。

据动物行为学者的观察，猴子在对方作出承认失败的姿势后，就不会再加以攻击。人也是一样，在对方承认错误，举起白旗的时候，就不会攻击到底。即使从消除报复的效果来考虑，也应该立即道歉，不要犹豫。

真诚的道歉应该包括承认错误、道歉和补偿三个要素。第一，要

承认自己所犯的错误以及给对方造成的损失和伤害。第二，要以对方能够接受的方式真诚道歉。第三，向对方提供精神或物质方面的补偿。

在伤害了别人感情的时候，如果不是首先道歉，而是先辩解，或者先找借口，肯定将招致最坏的结果。错过了道歉的时间就很难再抓住机会。一旦发生了需要向别人道歉的事情，不要错过时机，不要辩解，要立即道歉。在今晚睡觉前，向那些曾经受伤害的人打一个真心道歉电话吧。

小帖士

有效的道歉要领

不要错过时机，尽快道歉：道歉越早越好。但是，如果对方情绪激动，处于不容易接受道歉的时候，可以暂时放一放，待以后道歉。

明确承认错误和责任：道歉时要真诚承认自己的错误和责任。被迫无奈的轻浮道歉或先辩解再道歉，反而会产生相反效果。

不附加条件地道歉：不只是我的错，对方也有错，对方道歉了我才道歉。这种附带条件的道歉不会有效果。道歉的时候不要附带条件。

向对方的感情表示同感：要站在对方的立场上充分表达对对方遭受不快的理解。这比仅说一句“对不起”的效果要大得多。

承诺以后不再发生类似错误：要想通过道歉求得对方理解，不仅要承认

错误，而且要承诺今后不再发生类似错误。这样的效果更好。

先向亲近的人道歉，先从小事上道歉：要养成道歉的习惯，首先从向亲近的人道歉做起，对重大的错误要道歉，对小的失误也要道歉。

• 掌握与父母沟通的关键点 •

沟通本身就很不容易。但是，若能让爸爸妈妈一起来沟通，你就抓住了问题的关键所在。十几岁时我与父母虽然相处得很好，可有时我觉得我们的心并不相通，觉得他们并不理解我，不把我作为一个独立的人来尊重，而只把我同其他的孩子一样看待。但是，无论你与父母的关系有时看上去是如何的疏远，只要你愿与他们沟通，生活就是美好的。因为人们内心深处最大的渴望是被人理解，人人都想被人尊重，自身的价值得到别人的承认。人们在感受到真正的爱和理解前是不会向别人敞开心扉的。一旦感受到了这些，他们会把一切都告诉你。

如果你希望改善与父母的关系，就应试着像朋友一样听听他们怎么说。虽然把你的父母当作普通人来看待显得有点儿怪怪的，可这值得一试。我们总是对父母说："你不明白我。没人明白我。"可是你曾想到你也不理解你的父母吗？

你知道，父母也有压力。你在为你的朋友和你即将到来的考试担心时，他们也在为如何与他们的老板相处和怎么养活你操心。和你一样，父母也有工作不顺心和伤心的时候，他们也有为付一大堆账单发愁的时候。妈妈很少有机会自己出去轻松轻松，爸爸可能会因为他的车不好而受到邻居嘲笑。为了实现你的梦想他们不得不做出牺牲，而他们

自己可能也有许多未了的心愿。父母也是人，他们也有喜怒哀乐，也有感情受到伤害的时候，他们也不总是意见一致，也有闹矛盾的时候。

如果你能抽出点时间来理解他们，听听他们的想法，将会出现两种难以置信的结果：首先，你会得到父母更多的尊重。我记得19岁时第一次看爸爸写的一本书，爸爸是一个成功的作家，人人都说爸爸的书写得好，但是我在19岁前从没看过爸爸写的书。看完爸爸的书后，我想："噢，爸爸真聪明。"可以前我一直以为我比爸爸聪明。

其次，如果你抽出点时间了解父母，听听他们的想法，你的想法和做法也就更有可能得到他们的理解和同意。这并不是投机取巧，而是一条定律。如果他们认为你理解他们，他们也更愿意听听你的想法，他们会更灵活，会更相信你。一位母亲曾告诉我说："如果我的女儿们只知道我一天到晚忙得团团转，可在家里一点也不帮我的忙，我为什么要给她们那么多特权呢？她们根本不懂怎么运用特权！"

那么，你如何能更理解你的父母呢？先问他们一些问题，最后问候你的老爸老妈："你今天怎么样？"或是，"和我

说说你对你的工作喜欢在什么地方，不喜欢在什么地方？”或是，“家里有什么事要我帮忙吗？”

你还可以开始站在他们的立场，从他们的观点，而不是你的观点出发考虑问题。比如，主动帮助洗洗碗，倒倒垃圾，或是遵守诺言准时回家，或是，如果你不和父母住在一起的话，每个周末给他们打个电话。

当然，如果只是学会倾听和理解，还是不够的，特别是同父母的关系上更是如此。“我不会将我的想法告诉妈妈，妈妈不会听的，她从不明白。”这样我们将自己的想法深深地隐藏在心里，而父母依然不知道我们的真正想法。这种态度不好。请记住，没有说出的想法不会消失，这些想法只是暂时被你藏在心里，以后会以更可怕的方式爆发出来。

此外，如果你愿意听别人说，别人听你说的机会也会更大。在下面的故事中，请注意潘玉的沟通技巧。

一天我病了，没去上学。爸爸妈妈担心我在外面玩得太久而睡眠不足。我没有找一大堆借口，而是设法理解他们的想法。我同意他们的意见，但是解释说，我想在学校的最后1年中过得愉快，这包括与朋友们在一起玩。父母愿意从我的角度考虑这个问题，最后我们达成了妥协，那个周末我在家里待了1天以便休息。如果我不是先理解父母的话，我认为他们是不会对我那么宽容的。

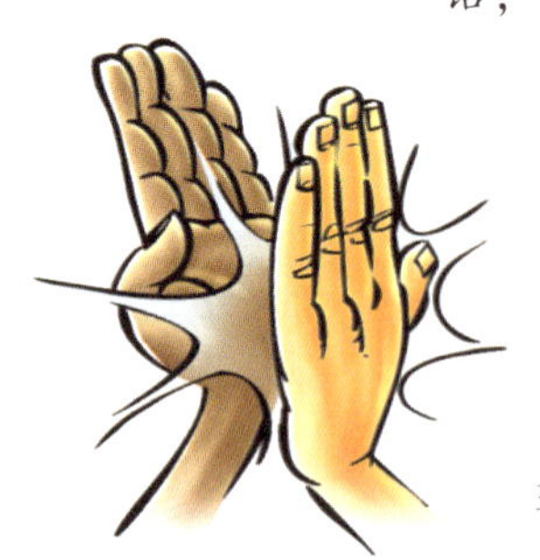

给出反馈信息是谋求让别人理解的一个重要组成部分。如果做得好的话，会成为感情关系中的一笔大投资。如果某个人的裤子拉链没有拉上的话，请给出反馈。相信我，别人一定会非常欢迎这些反馈。如果你的一个好友脾气暴躁（并因此而闻名的话），你以为他或她就不会赏识这

种体贴而真诚的反馈吗？你是否有过这样的经验，同朋友聚会回家后却发现，整个晚上一直有一块肉嵌在你的牙缝里？你带着恐惧回想起你在那天晚上的每一个微笑。你难道不希望你的约会伙伴给你一个反馈信息吗？

如果你同父母的关系非常好的话，他们会毫不犹豫地给出反馈信息。乔舒亚是一个高一学生，她对此有同感。

每当我在学校打完棒球或篮球回家时，爸爸妈妈都会在家门口迎接我，一起回顾整个球赛。妈妈总是对我的运动天赋赞不绝口，而爸爸则认为我的领导才能引导球队取得了胜利。随后我总是问妈妈我打得怎么样，她才会说我打得一般，如果我想要保住首发位置的话，我最好使自己的动作更协调一些。她希望我在下场比赛时能打得更出色，别让她难堪。

由于妈妈与乔舒亚的关系非常好，因此他们可以有话直说，不必拐弯抹角。因此，你在以后作出反馈时，请记住这两点。

第一，问问自己："这种反馈是否真的对他有好处，或者我这样只是为了让自己高兴、出于报复？"如果你的本意并非是真心为了对方的话，那么在这种时候、这个地方给出这种反馈可能是不合适的。

第二，给出"我怎样怎样"而不是"你怎样怎样"的信息。换句话说就是，用第一人称给出反馈。说"我担心你的情绪有点不对劲"，或者是"我认为你在后来的比赛中不太注意配合"。而如果用第二人称"你"的话，带有一些威胁性。因为这样一来，你的意见似乎像是贴标签——“你太自私。”“你的脾气太坏。”

最后还是重复一遍开始时我的主张：请听别人说，要不然你的耳朵就成了摆设。

信守诺言

1. 下次晚上外出时，和老妈老爸说好几点回家就几点回家。

2. 作出承诺前，静思片刻，想好你是否能说到做到。不要轻易就说“今晚我给你打电话”，或“今天我请你吃午饭”之类的话，除非你能做到。

实施小的友善行为

3. 这周给一个露宿街头的孩子买个汉堡包。

4. 给很久你就想表示感谢的人写个字条，表达谢意。

我想感谢的人是：________

忠诚

5. 确定什么时候、什么情况下最难避免闲聊，是中午在衣物间同某个朋友在一起的时候吗？制订出避免这种情况的计划。

6. 试着在一整天里都只说关于别人的好话。

善于倾听

7. 今天不要只顾说话，花一天时间倾听别人诉说。

8. 想想家里某个人，妹妹、哥哥，或是爷爷，你从来都没有好好地听他（她）的话，花些时间认真倾听。

勇于承认错误

9. 今晚，上床睡觉前，给你冒犯了的人写个简短的字条，表明歉意。

给出明确的期望

10. 想想这样一种情况：你和其他人抱有不同的期望值，共同制订一个计划以便取得一致。

他们的期望：

我的期望：

11. 当你说话时，你能保持和他对视多长时间？

12. 到商城去找一个座位坐在那里，观察人们彼此如何交流，观察人们如何运用形体语言。

13. 你今天与人交流中尝试对一个人用反射法，对另一个人用模仿方式，只是开玩笑。比较一下结果。

14. 问一下自己："倾听时的五种坏习惯哪一种在我身上最成问题？是走神？假装在听？时听时不听？听话只听声？还是以我为中心地听？"现在，试着度过没有这种坏习惯的一天。

我最需要改掉的不良倾听习惯是：

15. 本周找个时间问老妈或老爸："今天怎么样？"敞开你的心扉，实施真正的倾听，你会对了解到的东西大吃一惊。

16. 如果你特别健谈，那就休息一下，用一天的时间倾听，只是在该你说话的时候再说话。

17. 下一次当你发现自己想把感情深藏起来的时候，不要这么做。反之，用一种负责的方式将感情表达出来。

18. 想象一下你的富有建设性的反馈真的有助于他人的情景，找个适当的时间尝试一下。

能从我的反馈中获益的人：

我的训练计划

与人交朋友的方式

下面是一些结交新朋友的方法。你在生活中是怎样做的呢?

1. 随时热情帮助他人。

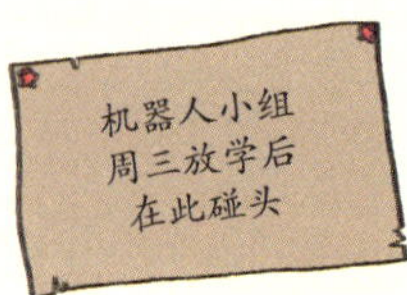

2. 做个有魅力的人。

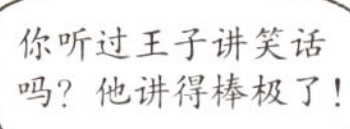

3. 尽量给人留下好的第一印象。

4. 积极主动。

5. 乐于发现和结交朋友。

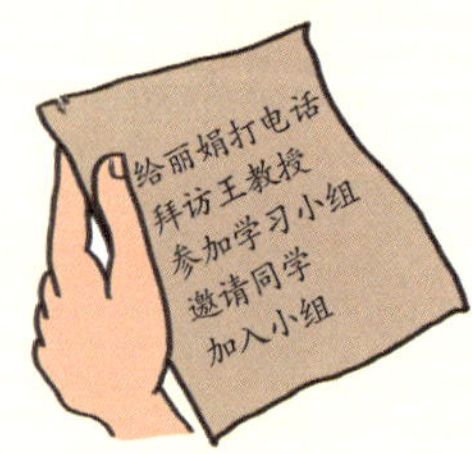

如何成为一名合格的倾听者

你认为左边的交际技能与右边的表示是一名合格倾听者的图相对应的，用线连接起来。

____1. 用眼睛看着对方

____2. 续接谈话内容

____3. 问问题

____4. 重复说话人的话

____5. 不要打断别人说话

____6. 集中全部注意力听别人说话

a.
我快发疯了。
怎么啦？发生什么事了？

b.
我刚游泳回来。
我也游泳了，可是我游得不好！

c.
你好！你参加演讲比赛了？
是的。

d.
然后她说……
我不再想蛋糕了。

e.
我想我这次没考好，怎么办呀？
不会吧，也许没那么糟！

f.
我真担心我妈妈，我不知道该什么办。
你妈妈身体会好起来的，要相信医生。

有什么问题

以下的每个人为什么不是一个合格的倾听者？他应该怎样做？

1\.

我希望你顺便买1个汉堡包、3袋薯条和2瓶饮料，不要买饼干啊！

好的，好的。

（心里却想着买个比萨吃）

2\.

请认真看，我操作一遍，你随后自己做。

3\.

别忘了7点钟就回家，今天下课后我在校门口等你。

这头花别在这里好看吗？

4\.

我以为你来过这呢！过了超市后你没有左转弯吗？

左转弯？左转弯？什么超市啊？

5\.

千万别骑太快，刹车不是太好！

能骑你的车真是太好了！给我钥匙吧！

6\.

在购物中心这次剪的发型太难看了，后悔死了！

你喜欢我的新牛仔裤吗？我在购物中心买的。哇！你的发型太酷了！

我们还是好朋友吗

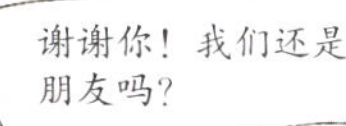

1. 你认为雷军对朋友的方式对吗？
2. 你认为对于雷军来说海朗是好朋友吗？
3. 你认为对于海朗来说雷军是好朋友吗？

找到自己的消极行为

并非所有的结果都源于极端的行为。有些结果更多地是源于隐晦而难以捉摸的消极行为。看看你能否在这张图表里找到你自己：

消极行为	结　果
胆　怯	如果你请求帮助的话，就不会去冒被拒绝的风险。
坏脾气	释放内心的紧张不安情绪。
讽　刺	不需要表达出真正的感情。
平　庸	毫无表现欲。
炫　耀	引起别人更多的注意。
懒　惰	不愿意参与生活。

向朋友说“不”，总要有第一次！

许多人认为向朋友说“不”是很难的，怕朋友会疏远自己。但盲从附和也是不理智的，最终只会使自己后悔。与其这样，倒不如学会怎样说“不”。因为真正的友谊是尊重大家的差异。

1. 以下有八位同学，正在为怎样向朋友说“不”而苦恼，你能为他们分忧吗？

A.

同学A

某天，同学X向同学A说：“大家是朋友嘛。明天的数学测验，帮我作弊，让我及格吧。”

B.

同学B

放学后，同学B在洗手间看见经常与她一起玩的同学Y，正在与两位同学一起欺负另一位同学。同学Y要求同学B替她们保守秘密。

C.

同学C

放学后，同学Z想瞒着妈妈到网吧。他让同学C替他打电话，编个谎话骗他妈妈。

D.

同学D

同学X向同学D说：“H以为自己的体育成绩好就一副不可一世的样子。如果我们是朋友，就与我一起孤立他吧！”

同学E

同学E与同学Y到CD店，同学Y向同学E轻声说：

“你想玩刺激的游戏吗？”同学E知道如果她一点头，同学Y就会偷CD了。

同学F

同学F向同学F说：“赌博很刺激，你一定要试一次！”

同学G

同学G跟老友去打篮球。路上，同学K给同学G一支香烟，说：“吸烟好过瘾！试一口吧！”

同学H

同学H一向不喜欢上某老师的课。有一次午饭后，他想到一个主意，要同学H跟他一起延迟十分钟再去上课。

2. 你有过类似以上的苦恼吗？你最终怎样面对？结果怎样？

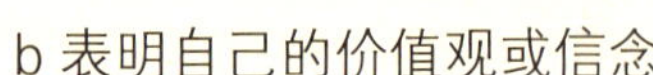

3. 说“不”的秘诀

a 立场坚定，有自信

b 表明自己的价值观或信念

c 分析后果

d 建议另一种做法

e 表达自己的感受

f 离开现场

g 置之不理

h 以父母反对为理由

I 告诉父母、师长

积极看待竞争

下面这些同学是如何运用社交能力积极看待竞争的?

1. 我们一起锻炼吧，你先跑，我帮你计时，一会儿你再帮我计时。等运动会时，我俩肯定会拿到冠军。

2. 这个社会实践报告，我俩合作吧。你写数据分析部分，我写理论总结部分，这样可以互相讨论和学习。好不好?

3. 我一定会帮助我们班获胜的。但我仍然会抽时间陪你们练习，因为我相信我的实力。

4. 我不能参加啦啦队，我跳舞不是很好，但我可以到宣传组，这是我的强项，我用文字来支持加油!

5. 这次考试只有几个人得“A”，我要多花时间复习准备好。

第 7 章

坐标五 平衡关系

懂得享受人生驾驭生活

当我们安于当下的时候，我们就能够看到眼前美景和奇迹——人们的微笑、太阳的升起、翠绿的树叶，我们就会心生欢喜。

平衡是一种生命的状态，是我们对自己生活进行调整后的一个结果，这是我们每一个人对于自己的生活都应该拥有的一种态度。就好像春秋时期鲁国的“欹器”，虚则欹，中则正，满则覆，保持生命的平衡是人生重要的修炼。

• 人生三问 •

人作为万物之灵，不论富贵贫穷或疾病健康，也不论在社会上扮演什么样的角色，只要会思考，就总会在某些时候想起甚至可能必须面对人生的三个根本问题：人为何而活？应该怎样活着？又如何才能活出精彩的人生？这三个问题被称为“人生三问”，是三个各自独立，但彼此环环相扣、密切相关的问题。人生三问虽然重要，不过，整个社会文化的氛围却仿佛它们不存在似的。大部分人在平顺日子中也不容易想起它们来，除非命运的打击突然造访，人才有可能从似真实虚的现实世界中猛地惊醒……

人为何而活？

我开始思考“人为何而活”这个问题，大概是在初中阶段。

初中时期的我其实还蛮幼稚的，在大人所设定的青少年世界里，我的生活与其他小孩其实没有什么太大的不同。除了玩耍、看电视之外，主要还是围绕着读书与考试。不过，我有一个很重要的特质，那就是喜欢发现问题并乐于刨根问底，这个特质使得我在读书方面的表现自然就不会太差。而最困惑我的大概就是人生问题。当别的小孩还在打打闹闹的时候，我已经开始为“我是谁”这样的问题感到迷惑与惊讶。是的，

我是谁？从哪里来？又要去往何方？我为什么是我，而不是别人？也因此，学校里谈到人生问题的部分，都让我特别感兴趣。不过，很快我就发觉学校真正重视的东西跟课本里所讲的人生观似乎有很大的出入。学校好像更在乎考上重点大学的人数。孙中山先生说“人生以服务为目的”，但整个学校的氛围让人感觉活着好像不是为了别的，而只是为了考上好学校，至于考上好学校的目的也与服务无关，而只是为了将来能有好出路、赚大钱。我记得有一次谈到胡适先生的一句话：“人生贵适志。”意思是说，每个人应按照自己的志向与独特的气质来选择人生的方向，而不应盲从流行或热门。没有想到，老师关心的不是这句话背后值得讨论的问题（例如：如何发掘自己的志向？为什么跟着自己的志向走就是好的），而是学生能否把这句话背下来，特别是要记得它的作者，因为不记得某句话是某个人说的，就很有可能使你在高考时差个两三分，从名牌大学落到一般的大学。

学校的现实与书本理想的差异让我感到困惑。一方面我觉得学校缺乏理想性，另一方面我也怀疑，与现实太过脱节的理想究竟还算不算是一种理想？

孙中山说过：“生命的意义在于创造宇宙继起之生命，生活的目的在于增进人类全体之生活。”话很简单，简单得让人不禁怀疑，人生是不是被说得太容易了？人每天都要吃喝拉撒睡，人的生活有一大部分是为了自己的生存与生活而不断奋斗，人生的真实面貌似乎更像“人不为己，天诛地灭”这句话所描述的，那么，孙先生凭什么又为什么能说人生以服务为目的呢？为己与服务的人生观是那样的不同，甚至是背道而驰的，前者追求己利，后者舍己为人，究竟哪一样才更该是人生追求的方向？抑或两者之间并非如表象般对立，反倒是将它们对

立起来才是一种迷思？换言之，舍与得之间具有一种吊诡性，有舍才能有得，大舍更能大得，在利他服务当中，人才能完成自我生命最极致的价值？无论如何，这些问题如果不能思考清楚，人是很难超越人性追求己利的表象，而在内心深处建立起服务的人生观的。我们又该如何理解生命的意义呢？有什么东西能穷尽生命的意义呢？

先人的格言并不能给我们真正的解答，倒是引起了更深的疑惑。不过，这样的疑惑是好的，它引领人在生命的大海里向前航行，在黑暗中寻找光明。没有这样的疑惑，人就会只像动物一般，按照生存的本能，没有方向、没有目标，醉生梦死地活着。

有人也许会说，生命是每个人自己的，每个人的人生也是要自己过，因此，论到生命的目的或意义，没有什么应该不应该的问题。而且，即使要论应该，也应该是每个人自己去决定自己的人生应该追求什么样的目标或实现怎么样的意义。这个看法从某方面来说是没错的，每个人要追求什么样的生命目的或意义，当然是每个人自己可以决定的事，也应该由每个人自己去决定，这正是人之所以为人的尊贵与庄严之所在，也是人作为自由理性之主体的真谛。问题是，每个人有权利选择自己的人生目标并不等于任何选择都是好的，否则西方人自希腊哲学以来也就不必那么在意何谓“幸福”的探讨，而中国儒家也不必在乎大学之道通往的“至善”是什么了。而且，由于人性的普同性，什么样的目标或意义具有终极性、究竟性、隽永性或超越性，是具有某种普遍内涵的，不容人任意扭曲或忽视。

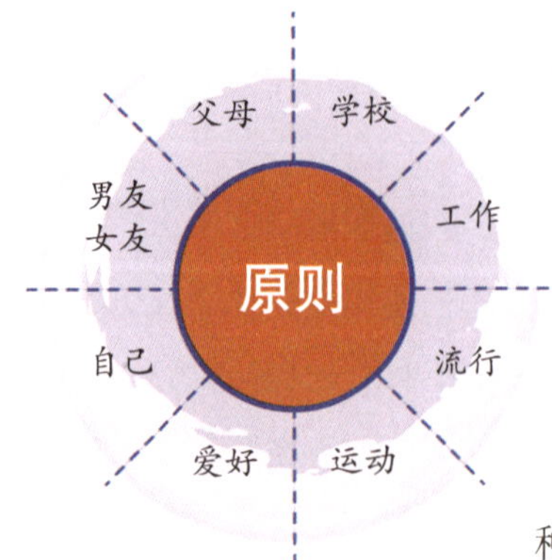

扭曲或忽视的结果就会如同罗贯中的《三国演义》或托尔斯泰的《伊凡·伊里奇之死》所描述的，无论是非成败、荣华富贵，到头一场空。

应该怎样活着？

人生第一问关切人生的目标，第二问则探讨人生的道路。道路自然是随着目标而定的，人有怎样的目标就会走上怎样的道路。想当医生的，自然要学习医术；想当律师的，则必须明白诉讼之理。事业心强的人一心放在工作上，自然就容易忽略其他事物。至于一个人如果明白在人生终点时，你不会后悔没有接成某一笔生意，却会后悔没有好好陪伴家人，那么他就会注意，在工作与家庭之间维持平衡的重要。《圣经》说："你的财宝在哪里，你的心也必在哪里。"当目标是生不带来、死不带去的财富或权势时，人会选择的生活方式自然就是向钱看或向权看。

道路虽然随着目标而定，这可不是说通往特定目标的道路只能有一条。"条条大路通罗马"这句俗谚意味着，通往目标的方式虽然是多元的，但如果你走在与特定目标背道而驰的道路上，那么，就算崇尚价值多元、将"只要我喜欢，没有什么不可以"的口号喊得震天价响，那个走法走不通就是走不通。多元不等于没有是非，目的与道路之间有一种紧密的因果关系，不容极端的价值多元论任意扭曲。

假设一个人知道人生的目标，也知道通往这个目标的道路何在，他是否便会乖乖地走在这条道路上呢？答案恐怕是"不一定"。人要知行合一，得有很多条件配合。首先，认知不但要正确，还要深刻。关于正确的人生目标与道路，一个人认识得愈深切，便愈有可能往正确的方向迈进。其次，除了认知深刻外，要达到知行合一的目标，还需要在情意方面努力，更要通过持续的修养来提升自己的灵性，才能活出精彩的人生。

怎样活出精彩的人生？

人生第三问涉及到正确的人生观与价值观是否能内化并且“诚于中”而“形于外”的问题。事实上，如何能做到知行合一是人生三问中最为关键的问题。一个人如果不处理这个问题，那么，即使他的人生观是正确的，也知道通往人生正确目标的道路何在，却很有可能在实践上与自己的认知背道而驰。因此，人生第三问可以说是人生三大根本问题中最重要而画龙点睛的问题，它是知情意行是否统一的问题，也是生命智慧是否能内化并落实为生活实践的问题，进而获取生命的觉醒、身心灵的统一，活出精彩的人生。

人生三问虽然各有其独立之处，不过，它们之间的关系是相互作用的。知之愈深，行之愈笃；行之愈笃，知之愈深。真知与力行之间具有一种良性循环，使得越明白的，越能去力行；而越能去力行的，也越能有真切的理解。

我们的目标越明确，行动越积极，生活就越精彩，三者是相互促进和发展的关系，如此周而复始、绵绵不已，便能引领人生进入向上超升的正向循环。学习与生活的良性关系，又进一步带来美好的人生感受，健康的生活方式，友好的人际关系，达到了平衡和谐的最高境界。

• 接纳自己的不完美 •

也许你不够完美，也不够伟大，你只是渺小而平凡的生命，但这些都不等于你没有价值、你的存在没有意义。我们每个人都是这个世界上唯一的、不可替代的个体，所以，我们应该爱自己，珍惜自己。我们要学会自己

送自己一枝鲜花，自己给自己画一道海岸线，自己给自己一个灿烂的笑容。

学会爱自己，并不等于自私，而是代表对自己的尊重和珍惜。一个人只有爱自己，他的生命才能变得更加美满幸福，他的生活才能更加充实愉悦。爱有时候就像一座富矿，如果自己没有储存足够的矿藏和能量，怎能给予他人财富和能量？爱有时候就像一条长河，如果爱的源头是干涸的，怎能有清泉去滋润别人？

有一天，有个人向大师求教："我该如何爱我的邻人？"大师说："不再恨自己。"这个人回去反复思索大师的话，而后回来禀告大师："但是我发现我过分地爱护自己，因为我相当自私，且自我意识甚强，我该如何除去这些缺点？"大师说："对自己友善一点，当自我感到舒畅时，你就能自由自在地爱你的邻人了。"多爱自己一点吧！

一个真正懂得爱自己的人，才会更加深刻地体会爱别人的意义。自私不是对自己的爱，只是一种情感的褊狭。我们每个人都应该爱自己，因为，一个人只有学会如何爱自己才能去爱别人。在飞机的广播里常常会听到这样的话："氧气面罩脱落时，请先自己戴好，再帮助身边的人。"可见爱自己是多么地重要，不爱自己，你便没有能力，也没有办法去爱别人了。

爱自己是一件模糊又抽象的事情，当我们知道要爱自己，才能更好地爱别人时，有些人会感到茫然，因为，他们知道如何爱别人，却不知道要怎样爱自己。有的人更是把爱自己演绎成放纵自己。接下来是一些爱自己、也爱别人的小方法。

接纳自己的情绪

我们每个人都应该学会接纳自己的情绪，但这种接纳绝不是毫无节

制地放纵情绪，也不是任意地责备别人，而是要从别人的失落与痛苦中，看到自己曾经受过的委屈与悲伤，从而学会更加珍惜自己。在接纳自己情绪时，要把心中的愤怒表达出来，你可以通过用文字发泄，也可以选择向朋友倾诉，甚至你还可以痛哭一场，总的说就是要了解自己的感受，释放自己的负性情绪，这样才能获得轻松，有时也会得到安慰和理解。如果过分地压抑自己，就会让情绪越来越糟糕，但如果我们可以接纳自己的情绪，让心中的不满慢慢消散，才有可能获得真正的快乐。

做自己感兴趣的事

在生活当中不可能每一件事情都是我们喜欢的、愿意去做的，但我们可以选择那些我们感兴趣的、能给我们带来快乐的事情去做。每一件能给我们带来快乐、让我们放松的事情，我们都不应该错过，在这个过程中，我们不用考虑它的意义，也不用想得太过复杂。一切的重点都在于自己的心情是否获得了真正的愉悦，心里的重担是否就此放下。有些人在做事情的时候，总会考虑适合与否，恰当与否，有必要与否，其实，我们只要让事情变得更简单、更直白，就可以获得更多的快乐。

多给自己一些赞美

当一个人在对自己说“不好”的时候，他很可能就在不知不觉中向别人展示那个“不好”的自己。我们不能自己否定自己，这样做只能让我们时时处处都把最差的自己表现出来，所以，要爱自己，就要去除掉这些消极的、毫无意义的暗示。多给自己一些积极向上的观点，赞美自己，鼓励自己。

爱是一种相互的情感，你在关爱他人的时候，一定也会感到来自

他人的关爱。爱对于每个人来说，都是一个付出与收获的过程，你只有对他人不断付出你的关爱，才能收获他人不尽的关爱。

有个小孩住在一座大山里，有一天他犯了一个错误，被妈妈责骂了一顿，悲伤的孩子一个人跑到屋外，坐在山腰哭了一阵，然后大声喊叫：“我恨你！”山谷远方立刻传来同样的回声，他顿时被惊吓了，以为有人很凶恶地在和他对骂，又继续哭了起来。小孩快步跑回家，气急败坏地告诉妈妈方才的遭遇，妈妈听了笑了起来，温柔地替儿子擦干眼泪，拉着他的手，又来到山崖边，要小孩大声叫：“我爱你！”对面山谷也传来同样的回声，小孩破涕为笑。妈妈拥着他说：“孩子，你给别人什么，你也会得到什么。”

爱是一种感受。一个人在被他人需要时，才能感受到自己的价值；同样一个人在关爱别人、关心他人的过程中，也同样能感受到无穷的快乐。

用微笑的智慧应对一切

在犹太人的生活中，幽默与笑话好像已经成为一种必备品。有人甚至开玩笑地说犹太人不是“书本民族”，而是“笑的民族”。其实，犹太人在遭遇无数次的迫害后仍能坚强地生存下来，就是因为他们能够笑看一切。所以，无论被逼到何种地步，犹太人都能笑着面对自己的痛苦，借以中和自己苦闷的心情。

在犹太人心目中，快乐的时候要用笑来表达，痛苦的时候也要用笑来排解。犹太人是聪明的，因为他们知道把快乐作为生活态度。快乐纯粹是内在的，它不是由客体而是由观念、思想和态度而产生的。不论

环境如何，个人的活动能够发展和指导这些观念、思想和态度。

伊利莎白·康妮原本是个幸福快乐的女人，可有一天她突然接到国防部的电报，电报上说他的侄儿在战场上失踪了。这个消息让康妮十分着急，因为侄儿是她在这个世界上最亲的人了。

忐忑不安中的康妮，在寝食难安中等待着侄儿的消息。不久之后，消息来了，但遗憾的是，这是个让康妮心痛的坏消息，她的侄儿在战场上牺牲了。

在经过这样重大的打击之后，康妮开始怀疑她的人生。她觉得生活已经没有任何意义了，她再也找不到继续活下去的理由了。于是，康妮开始忽视她的工作，忽视她的朋友，她抛开了生活的一切，对这个世界既冷淡又怨恨。

悲伤过度的她决定放弃工作，离开家乡，把自己藏在眼泪和悔恨之中。就在她清理桌子准备辞职的时候，突然看到一封她已经忘了的信——一封她的侄儿生前寄来的信，当时，她的母亲刚刚去世。侄儿在信上说："当然我们都会想念她的，尤其是您。不过我知道您会平静度过的，以您个人对人生的看法，您会坚强起来的。我永远不会忘记那些您教给我的真理。不论我在哪里生活，不论我们分离得多么遥远，我永远都会记得您的教导，您教我要微笑面对生活，要像一个男子汉，要承受一切发生的事情。"

康妮在看这封信时十分开心，她一遍又一遍地读这封信，感觉侄儿就在身边，看到自己伤心的样子难过地说："您为什么不照你教给我的办法去做呢？坚持下去，不论发生什么事情，把您个人的悲伤藏在微笑的下面，继续生活下去。"

康妮在侄儿的信中又找到了生活的勇气，她希望自己能坚强起来，

不让在天堂的侄儿为自己担心。于是，康妮决定回去工作，也不再对人冷淡无礼。她一再对自己说："事情到了这个地步，我没有能力改变它，不过我能够像他所希望的那样继续活下去。"

伤心欲绝的康妮不见了，乐观积极的康妮又回来了。康妮不仅在工作上越来越努力，在业余时间还参加了成人教育班，准备挖掘新的兴趣，结交新的朋友。她几乎不敢相信发生在自己身上的种种变化。她说："我不再为已经过去的那些事悲伤，现在我每天的生活都充满了快乐，就像我的侄儿要我做到的那样。"

爱笑的犹太人，在笑声中坚强面对苦难，也在笑声中迎来希望的曙光。众所周知，犹太人长期以来处在颠沛流离的生活中。中国有句俗话："人在屋檐下不得不低头。"犹太人在别人的屋檐下，受尽了白眼与歧视，最可怕的就是纳粹对犹太人的残酷迫害。在重压下的犹太人犹如弹簧一般，压力越强，生存力就越强，这强大的生存力就源自他们心灵深处乐观爱笑的性格。

一个快乐、随时保持乐观态度的人不是天生就如此的，后天的培养也是非常重要的。有时快乐不是发生在你身上的事，而是你自己做的、取决于你自己的事。如果你等着快乐主动降临，或者碰巧发生，或者由别人带来，那你可能要等很长时间。除了你自己以外，谁也无法决定你的思想。任何一天都有好与坏，没有哪一天、哪种环境是百分之百的好。在生活中，不断出现的各种因素和事实，我们对此持悲观、抱怨的看法，或是乐观、快活的看法，这完全取决于我们的选择。在很大程度上，这是一个选择和决定的问题。

在很久以前，有个叫哈比的人，他非常的大胆，惹怒了国王。国王要判他死刑，于是哈比就向国王求饶，他说："国王不要杀我，我

可以在一年的时间里，让您最心爱的马飞到天空中。要是一年以后，您的马不能在天空中自如翱翔的话，你再来治我的罪，我绝对不会有一句怨言的。”国王听了哈比的话，非常地好奇，于是就答应了他的请求。

在哈比被关到牢房之后，囚犯们都好奇地围了过来，其中一个囚犯问道：“哈比，你真的能让马飞到天上吗？”

哈比笑了笑说：“在这一年之内，有很多事情都可能发生啊，也许国王会死去，也许我自己会病死，也许那匹马会意外送命，反正，在这一年之内，没有人知道会发生什么，我需要一年的时间，到时候没准马真的能飞上天呢！”

哈比是典型的乐天派，认为世界上一切事情都不用过分担心。因为，担心也不能解决问题，还不如抱着乐观、积极的态度去面对。在这样的心态下，人总是可以保持快乐的精神，历经艰难困苦而始终充满对未来生活的憧憬，做个用微笑应对生活的智者。

• 逆境不专属于一个人 •

成功学大师奥格·曼迪诺在《羊皮卷》中曾这样写道：“人的眼睛是由黑白两部分组成的，但是为什么只能透过其黑暗的部分看东西？因为人必须透过黑暗，才能看到光明。”其实，我们的人生也是一个从困苦与黑暗，慢慢走向幸福与光明的过程。既然，苦难是难以避免的，也是通往幸福的必经之路，那我们为什么不勇敢地接受这一切呢？

罗曼·罗兰曾经说过：“人生是艰苦的。对不甘于平庸凡俗的人那是一场无日无夜的斗争，往往是悲惨的、没有光华的、没有幸福的，

在孤独与静寂中展开的斗争。……他们只能依靠自己，可是有时连最强的人都不免在苦难中蹉跎。”人生就是这样，给你希望的同时必然给你考验，每个想成功的人都要经得起考验。每个父母都有责任让孩子知道，人生中的每一次考验都是一种阅历、一种财富、一种对人生意志的考验和锻炼。

“梅花香自苦寒来”是古人留下的优美文字，也是告诫我们在面对痛苦时应具备怎样一种高尚品格。一个不愿向命运低头的人，才有勇气征服命运；一个不愿向苦难臣服的人，才有信心战胜苦难。勇敢地面对痛苦是人内心深处的一种精神体验。这种体验能使有限的人生得到无限的充实，让弱者的心灵变为豪迈、大度、豁达的性格。犹太父母会告诉孩子，不要在痛苦中绝望、沉沦，也不要在痛苦中徘徊、停滞，要在痛苦之后获得人生的快乐、征服痛苦。

驾驭和摆脱痛苦是人生的必修课。每个人来到这个世界上，都不可能一帆风顺地走过人生的每一站。为此，每个父母都应该教会孩子勇敢面对挫折与痛苦。在这个世界上永远不会凋谢的花只出现在童话故事里，完美无缺的人生只出现在小说中。人不能活在虚幻的故事里，不要寄希望于幸运。面对苦难，需要的是勇气，而不是运气。

痛苦是不可避免的，但却不是不可驾驭的。每个人在面对痛苦时的态度决定了它带给我们的是伤害，还是力量。在每个人的印象或想象中，痛苦都是让人无可奈何的。但事实并非如此，其实，痛苦是可以被我们控制和驾驭的，一个人如果能够把痛苦发泄出来，痛苦就会在自己的掌握之中。个人必须以自己的方式面对痛苦。要把心灵的创伤医好，最重要的是积极采取行动，而这种行动也就是对痛苦的控制和利用。

一天，一个富翁带着自己的儿子去乡下旅游，富翁希望儿子能在这次旅途中了解一下穷人的生活。为此，他特意把儿子安排在一个最穷的人家度过了一天一夜。当旅行结束后，父亲问自己的儿子："感觉旅行怎么样啊？"

儿子开心不已地说："非常的好。"

富翁继续说道："这次你看到穷人都是如何过日子的了吧，感觉怎么样啊？"

儿子回答："我们家只有一条狗，而穷人家有四条；我们家只有一个水池通向花坛的中央，而穷人家旁边有一条清澈的小河；我们家的花园只有几盏灯，而穷人家却有满天的星星。"

人生中的痛苦就像世间的风雨一样自然而又必然，每个人都不应该畏惧风雨，而应该用乐观的心看待风雨，只有这样才会看到风雨过后的彩虹，才能迎来风雨后的阳光明媚。

不良情绪对健康是十分有害的，所以，我们要想尽一切办法疏导和排解痛苦。

学会转移注意力

生活中的每一种情绪都是在特定的环境中产生的，所以，想要很好地驾驭痛苦，就要学会情绪的积极转移，换换环境，转移一下注意力，即通过自我疏导，主观上改变刺激的意义，从而变不良情绪为积极情绪。比如，当遇到不开心的事情时如果我们爱好文艺，不妨去听听音乐、跳跳舞；如果喜欢体育运动，可以去打球、游泳等，借以松弛一下绷紧的神经；或者观赏一场幽默的相声、哑剧、滑稽电影；如果天生好静，那也可以读一读内容轻松愉快、饶有风趣的小说和刊物。总之，根据

个人的兴趣和爱好，做自己喜爱的活动。这种自娱自乐的活动可以舒体宽怀，消忧排愁，怡养心神，有益于人之身心健康。

树立坚定的意志力

要想彻底摆脱不良情绪的影响，就要建立起良好而稳定的心态。因为，只有用坚定的意志力才能排除不良情绪的干扰，始终保持平和的心态。当在生活或学习中遇到挫折与痛苦的时候，只有通过自我的心理调节，用理智战胜一切不幸才是最行之有效的办法。其实，任何理智和情感都可以化为行为的动力，无论是愉快满意的情感，还是悲痛不快的情感，都能激励人去工作和学习。人们常说的“化悲痛为力量”就是这种表现。意志坚强者可避免不良刺激，增强抗病能力；意志脆弱者易遭受刺激而发病。事实证明，胸有大志、毅力坚强的人，能够有意识控制和调节自己的情绪，保持良好的精神状态。

在宣泄中排解痛苦

宣泄情绪对于摆脱痛苦是十分有效的方法。一个痛苦的人把自己的内心矛盾与痛苦情绪体验宣泄出来，减轻心理上的压力，减轻或消除紧张的情绪，易使自己恢复平静的心情。在现实生活中，有些人心胸开阔、性情爽朗，他们心直口快把自己的不愉快情绪或心中的烦闷诉说出来，心理矛盾能获得及时解决。可有些人心胸狭窄、爱生气，心中闷闷不乐，由于心理冲突长期得不到解决而发生心理疾病。另外，当心情不快、痛苦不解时，可以到绿树成荫的林荫大道上或视野开阔的海滨散散步，如果有条件，还可以短期旅游，置身于绚丽多彩的自然美景之中，陶醉在蓝天白云、碧波荡漾、花香鸟语的自然怀抱里，

山清水秀的自然环境会使我们产生豁达的心境，一切忧愁和烦恼会随之消散。大自然可使你舒畅心情、忘却忧烦、寄托情怀、美化心灵。

其实，在人的一生中，难免会遇到挫折与失败。当我们面对这些困难的时候，选择用什么样的态度去面对就成了一个永恒的话题。你可以掩耳盗铃，当困难不存在，但逃避是永远不会带来成功的；你也可以垂头丧气，就此消沉下去，但懦弱不可能击退困难。挫折是我们一生中不可避免的事情，勇敢面对挫折，然后打败它，才能获得生活的果实。

• 大自然会说话 •

在茫茫的宇宙中，有一颗闪烁着蓝色光晕的行星，那就是我们赖以生存的家园——地球。我们生活在这个美丽的星球上，却在无意间让它失去往昔的朝气，变得乌烟瘴气。在生态环境越来越恶劣的时候，人们想到了关注环境。在自然灾害越来越严重的情况下，人们知道了要保护环境。然而有谁知道，在这一切发生之前，犹太这个有智慧有远见的民族早就把保护环境当作自己的使命了。

犹太人认为爱惜大自然是敬重上帝的体现。所以，他们把人的生活环境比作生活文明的重要内容，这是所有民族中最先进的意识，也是他们保持身体健康的智慧之处。犹太人保护环境的理念来源于《圣经》的记载和教诲。《圣经》上这样记载：

在上帝成功造出第一个人以后，带他到伊甸园中看所有的树木。

上帝对这个人说：“你看，这就是我的作品，它们是如此的美丽，如此的值得赞美。我创造这么美丽的一切都是为了你。当你想到这一

点时，千万不要让我的世界腐烂，也不要破坏它。因为如果你破坏了它，是没有人可以再为你修补的。”

犹太人认为自己是上帝选中的人，所以，他们有义务时时刻刻照顾它，满足它的需要。犹太人对上帝创造的世界照顾得极其悉心，这一点可以从这个小故事中看出。

当亚述军队侵犯犹太王国时，犹太国王希西卡塞住了城外某处的泉源，使亚述人没有水喝。但是，犹太拉比们知道国王的做法后，不赞同希西卡的行动，因为在他们看来，堵塞泉源是一种对大自然的破坏行为。

犹太人对大自然的爱惜心情可见一斑。在《圣经》中，甚至禁止犹太人在作战时砍伐果树，因为在他们看来这样做会破坏自然的平衡。对于砍果树一事，犹太拉比的看法是：“你若长期围困、攻打一座城，就不可举斧子破坏树木，因为你可以吃树上的果子。田间的树木难道是可以糟蹋的吗？无论是谁，只要砍伐果树，就要受鞭刑。”

几个长工在约克哈特的拉比犹瑟地里干活。夜幕降临后，他们什么吃的都没有，于是，就向拉比犹瑟的儿子抱怨说他们很饿。这些人正坐在一棵无花果树下休息，犹瑟的儿子就对果树说：“无花果树啊无花果树，长出你的果实来吧，好让我父亲的工人们充饥。”

果树果然长出了果实，长工们就吃了果子。

拉比回来后，向长工们道歉：“我因为在做一件施舍差事，所以回来晚了，请你们原谅。”

“愿上帝满足你，就像你的儿子满足我们一样。”长工们回答道。

接着，他们把无花果树的事告诉了他。

拉比一听，满腔怒火，转身对儿子说：“我的儿子，你让无花果树

在它的节令到来之前就结果，这给造物主带来了麻烦。你最好也在你的日子到来之前，就从这个世界上消失吧！”

犹太人保护环境出于他们对地球的责任感，犹太人爱护环境源自他们智慧的头脑。有责任感且有智慧的人在我们的地球上很多，但能意识到环境重要性的却不多。为了拥有更好的生活，我们先从做个有责任心、有智慧头脑的环保先锋开始吧！

爱护自然环境

春天到来的时候，我们观察树叶发芽、吐绿的现象；夏天到来的时候，记录小蝌蚪变成一只小青蛙的经历；秋天到来的时候，观察树叶由绿到黄、叶落归根的变化；冬天到来的时候，查找冬眠的小动物。只有不断接受大自然，体验大自然，热爱大自然的感情才会不断增长。

爱护家庭环境

家庭环境的美化和保持能给人以幽雅、宁静和美的感受，我们从小就要有爱护美的家庭环境的意识，自己动手整理自己的房间，与父母共同爱护和保持家庭的环境美。

爱惜资源

爱惜资源是现代人必须学习的重要课题，且应该从小养成这种好习惯。我们可以从喜欢的玩具着手，先学会爱惜玩具，进一步再拓展到生活层面。透过随手做环保的简单行为，真正深入了解爱惜资源的重要性。

了解真实的世界

在很多人眼中，孩子的世界应该是单纯且美好的，但人们却忘了单纯美好的东西往往特别易碎。如今，我们需要的是真实的教育，因为在人的一生中不少经验都是从可怕的经历中获得的。正所谓“读万卷书，行万里路”、“吃一堑，长一智”，读书固然可以学到很多知识，但知识和智慧并不能画等号，智慧不是积累信息的能力，而是对信息的处理能力，是对世界的领悟力和洞察力，而这种领悟和洞察必须在真实生活中培养。

世界是一个多姿多彩的世界，也是一个现实残酷的世界。在美好事物的背后，也许就隐藏着阴暗与丑陋，谁也无力把青少年的世界与现实生活的环境完全隔离。为什么我们不能用青少年能够理解的方式告诉事实的真相，相反，要为他们编织一个美丽、善意的谎言呢？假如美丽的谎言还没有等到青少年长大就被打破了，假如获得的新信息与父母、教师给的答案是有出入的甚至是相悖的，那么青少年会处于一个什么样的状态呢？

一个完整的青少年时期不应该只有美好的憧憬，对真、善、美的向往，还应该有对假、恶、丑的了解，对丑恶事物的警惕。需要一个斑斓多姿的社会生态环境，那里有甜草莓，也有毒蘑菇；那里存在着善良，也可能隐藏着邪恶。我们更要知道，什么是甜草莓，什么是毒蘑菇；什么是有益的，什么是有害的；什么是对的好的，什么是错的坏的；什么是可以接受的，什么是必须拒绝的。只有生存在现实的社会生态环境中，我们才有可能把这一切看得明明白白、真真切切，逐步有自己的主见、原则和立场，学会判断是非。

走入真实的世界

走入真实的世界，了解事实的真相，是为了长大后能适应这个复杂多变的世界，并且以不变的真诚去迎接人生的风雨历程。早些年有首流行歌曲唱道“外面的世界很精彩”，接下来便是“外面的世界很无奈”，这正是青少年面对真实的世界时手足无措、无所适从的真实写照。当然，我们也要正确观察和认识社会：办法总比困难多，好人总比坏人多，这个世界还是光明和美丽的，而且要坚信“明天会更好”。

探索未知的东西

这个世界是新奇有趣的，我们没有那么多的条条框框，只是希望好奇地去探索未知事物。我们的许多举动在大人眼中是“错”的，我们并不知道这有什么不对，也不是故意与大人作对。其实，我们许多积极探索的行为尽管可能不合常理，但绝不能说是错的。我们天生具有创造性和想象力，但这些常常被扼杀在摇篮里，父母和老师总是试图按着固定的习惯行动，让我们变得完全机械了。久而久之，习惯一经形成，潜在的能力便失去了发挥的机会，潜能便会枯竭。

切勿不切实际

青少年的世界需要想象，只有插上想象的翅膀，他才能飞得更高，看得更远。但梦想与不切实际之间只是一线之隔，当我们不小心从梦想的警戒线跃到不切实际一边就非常可怕了。一个不切实际的人，不会有

责任心，因为他们不懂得付出与回报之间的关系。我们生活在这个世界上，只有用自己的努力才能换来幸福的生活，而不是凭空想象得来的。“心想事成”这个成语用在现在青少年的身上好像很恰当，他们不需要太多的付出，就能得到自己想要的东西，这样很容易变得不切实际起来。一定要杜绝不切实际的要求与想法，在真实的世界里学会成长。

• 放松与勤勉一样重要 •

分享一个传说：货币有两面而且刻有不同的图纹，这是大家现在都知道的。相传最早的运用货币的人，他们造的钱币前后都是刻着相同的图纹。你可能会问：“有什么问题吗？”

最初，一切运作顺利，携带方便，计算容易，生活一下子顺畅了。可是，慢慢地，大家都有种说不出的不自然，就是觉得钱币设计有点异样。霍比人于是更改了钱币的形状、质量，问题仍没有解决。有一天，一个疯子一语道破了症结：“我们每天都用钱币，但他的设计却违背了宇宙、人生的定律。天有阴晴，月有圆缺，植物会生长会死亡，人的生命有笑有泪，有得有失，有顺有逆，钱币怎么只有一面呢？生命若只有一面，就不是生命了。”很简单的道理吧。我们要视生命是庆典，就是要深刻反思生命的得与失，多角度看待每件事物，尝试放下习以为常的观点，换个角度，从中发现新意。视生命为庆典，就是看中生命的质量，欣赏生命，珍惜生命。

我们每一个人生活在这个世界上，都应爱惜自己的身体，珍爱自己的健康。如今，社会的脚步越来越快，很多人为了不让自己掉队，放弃业余的生活，甚至放弃原有的休息。其实，在我们放弃那些看似不重要

的东西时，我们失去了更重要的东西。有位哲人说过："不会休息的人就不会工作。"的确，休息是为了更好地工作，工作又是为了换来更高质量的生活。我们的身体是革命的本钱，如果过分强调工作而忽视身体健康，那么从长远角度来看，也将阻碍你实现你的职业生涯目标。

王先生是一家证券公司的分析师，在这份看似光鲜亮丽的工作背后却充满了挑战。王先生为了让自己在工作岗位上更加成功，他选择做公司里的"拼命三郎"。在公司忙的时候，王先生连上厕所的时间都要争分夺秒。王先生为了了解市场行情，总是在电脑前一坐就是一整天，而且神经也总是高度紧张。

"拼命三郎"拼的不只是在工作时间内，还要在工作时间之外。王先生早已经习惯没有周末的休息和假日的休闲。每天12点之前回家的日子已经离他很远。休息不好、睡眠不足严重打乱了王先生的生物钟，让他的情绪总是烦躁不安，有事没事就爱大发脾气。

王先生没有休息时间，更没有锻炼时间。原来身体强壮的他现在体弱多病。在经过几年的拼搏之后，王先生的工作得到了大家的肯定，但他的家庭和他的身体却都向他发出了警告。

故事中的王先生得到梦寐以求的成功，却失去了最珍贵的健康和家庭。《塔木德》曾这样告诫我们："一张弓如果一直绷着，即使是钢做的，也会失去弹力。"在紧张的工作之余，永远不要忘记给自己放松的时间，因为不管多聪明的大脑，在经过长时间的紧张、过度疲劳的思考后都会开始麻木。所以，为了保持最好的工作状态，要在八分的紧张之余留下二分的松弛。

每个人都应该学会放松自己，学会在学习之余享受休息的快乐。如今，很多人常常为了某些冠冕堂皇的理由，逐渐远离自己本应该拥有的

生活。我们提倡勤奋学习的态度，但不会盲目地让自己变成“学习狂”。

身体健康是根本，而身体健康需要休息。休息必然和工作相冲突，怎么办？聪明的人毫不犹豫地放弃工作，选择休息。有人提问：“你们工作一小时可赚钱50元以上，如果每天休息一小时，一月就少赚1500元，一年少赚1.8万元以上，这值得吗？”

聪明人比你算得更快：“假如每天工作八小时不休息，一天可赚400元，那我的寿命将减少五年，按每年收入12万元计算，五年我将减少60万美元收入，假如我每天休息一小时，那我除损失每天1小时50 元外，将得到五年每天七小时工作所赚的钱，现在我60岁，假设我按时休息可活10年，那么我只损失15万元，15万和60万哪个多呢？”

有人曾经说过：“不会休息的人，就不会工作。”可如今很多人总是以没有时间为由，不注重锻炼和休闲生活，甚至连最基本的休息，也在游戏和电脑面前让步了。其实，这样做只能让学习生活失去最基本的动力，让自己丢掉真正的快乐。功成名就的喜悦永远代替不了在大自然中获得的快乐；高分夸奖的快感，永远无法与朋友家人欢聚带来的幸福相比。浪费时间的人，不仅仅是那些不珍惜时间的人，还有那些无视时间真正价值的人。

• 别轻易被情绪击倒 •

师长、父母、朋友有时候会从一些怪异的行为中，发现我们的失落。这些行为普遍的现象是“逃避”，像不去上课、逃避责任或是和他人断

绝往来。这些逃避行为有时并没有特定的动机，但严重时，会让我们整天不想出门也不和任何人联络，在计算机前虚度时光，有些人的行为不完全是如此，但状况却大同小异。我们有时也会看到年纪稍长的人突然毫无来由地换工作，或在面对艰难的挑战时把自己封闭起来，好长一段时间不接电话也不对外联络。毫无疑问，这全是情绪在作怪。情绪，不全然是好事也不全然是坏事，要看人怎么控管它。

情绪是我们和他人相处时会体验到的感觉，例如在家里、学校、朋友圈、街上或与异性相处，都会有不同的情绪。情绪可能是爱或恨、勇敢或恐惧、开心或伤心、放得开或尴尬、过度自信或悲观。情绪会影响一个人接受或抗拒别人对他所做的事情、面对困难选择时的心理反应或在学校组织团队、办派对或排解压力（比方说靠一个微笑疏压）的能力。

我们除了用智商（IQ）来衡量一个人的聪明才智外，还有另一种重要的智慧，就是情绪。有些科学家试图通过情绪智商系数（EQ），来衡量一个人对情绪的控管，甚至还有研究人员认为这种管控情绪的潜力可以通过训练而变得更好。事实上，专家们至今仍缺乏可作为衡量指针的参考数据，清楚地定义分析情绪。

不管怎么说，人的情绪并不会随时都那么强烈，但当情绪来临的时候，如果不好好控制它，那就可能会带来麻烦，造成情绪崩溃或是压抑在心里。如果这些情绪的冲击能帮助我们很快地意识到问题并解决它，那当然是件好事，但万一我们被情绪支配了呢？最糟的情况就是选择一辈子逃避。

当情绪低落时，我们应该换个方向思考：首先，一个人不会毫无价值，他一定有些可取之处，发掘并重视那些优点，就能帮助我们渡

过难关；其次，试着去看事情好的一面，不要被微不足道的小事困扰；最后，要懂得寻求帮助，找朋友、兄弟姐妹、老师聊聊，另外也可以找父母谈，虽然有时候会因为代沟而有沟通上的困难，但他们总是会站在我们这一边，努力帮我们解决问题。

当情况很特殊时，不要排斥去寻求专业人士的帮助来改变现状，学校里普遍都设有心理咨询室，可以去那里请求协助。如果是一些无法解释的情绪或生理问题，我们可能会惊讶地发现一些“不太科学”的方法竟然有效。总而言之，不要一个人被问题困住，只期待时间能治愈一切，应该要敞开心扉向人寻求协助。

小帖士

情绪是好东西?

情绪是人的自然反应，过度发泄或压抑情绪都是不健康的，不能有效地发挥情绪的功能。你知道情绪有什么功能吗?

1. 神奇力量

你知道情绪在人体内会产生什么神奇的化学作用吗?

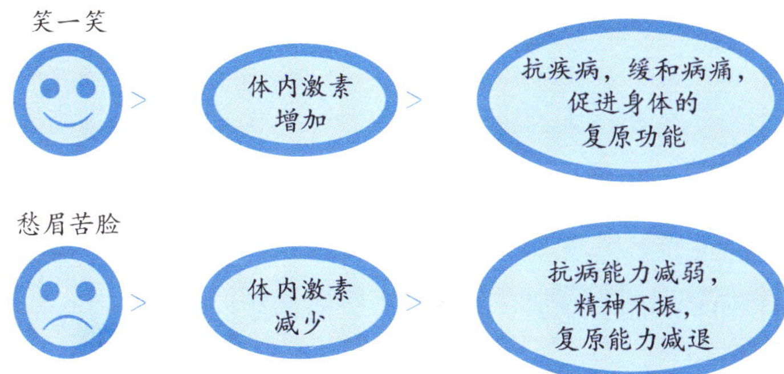

2. 对外在环境做出即时反应

危险 > 紧张害怕 > 心跳加速，呼吸加快 > 对抗 / > 逃跑

3. 促进人际沟通

喜悦 > 表达愉快的信息 > 他人感受到你的开心

咬牙切齿 表达愤怒的信息 > 他人察觉到你在生气

过度喜悦 不顾他人的感受 > 关系疏离

过度悲愤 伤害他人 > 关系破裂

4. 激发潜质

担心留级 > 督促自己用功读书

羡慕同学成绩好 > 以他为学习目标

过度担心 > 焦燥不安，无法集中精神学习

嫉妒同学成绩好 > 说他坏话，搬弄是非，让人讨厌他

• 把压力扛起来，别放在心上 •

不管什么年龄的人都曾感受过压力。一般来说，我们的压力大部分都来自于父母、师长等，当然也包括社会或是其他组织团体。有时候我们也会给自己压力，因为我们想要的东西太多，对自己的期待很高，或因为我们接受来自学习、情感、人际关系等各式各样的挑战。有的人喜欢有压力，但不间断的压力并非好事，人有可能会因此生病。

一个人在外面的压力通常可以在家庭中获得舒缓，因为在自己熟悉的地方和关系亲密的人在一起，可以让人放松并获得安全感。但是，也有家庭中的压力，而这种压力往往是垂直的，比如被父母管教的压力。

父母希望孩子有好成绩，因为好成绩会为孩子开启未来的大门，还能为整个家族带来好的名声，所以总是会在无形中给孩子压力，督促他们学习。至于家庭的水平压力，则是在兄弟姊妹之间的竞争。这些家庭里的压力可说是“永久的”，因为一个人无法脱离他和家庭的关系，除非他和家人的关系受到严重的破坏。面对这些压力的处理方法，就是以时间的角度来看待事情，试着了解其他人的用意，等待最佳时机开口，以各种方式说服他们，或是请中间人协调以避免正面冲突。

说到水平压力，最常见的便是来自同学间的压力（平均标准的压力），几乎各年龄层的人都会遇到，但通常来说，往往是同学间成绩好坏的冲击最大。这种压力可能源自于不重要的小事，好比说，在服装或发型上追求时髦、买最新型的手机、通过当交换学生去国外念书、学校跨年晚会等。但有的时候，同学压力是因为朋友强迫你去做你不喜欢的事，例如：逃课、抽烟、网游、撒谎，从事不良的行为等，当这些行为跟你的价值观或道德观相悖，这时你也会感受到压力。这些坏行为通常都是为了让你对团体产生认同感，使你更接近该团体，因此用表情、言语、勒索、被忽视或排挤，甚或肢体暴力作为威胁，让你害怕又觉得不得不为。

当感觉到压力的时候我们该做些什么呢？首先，要先恭喜自己，能够在现实中感受到压力是个好现象，因为这表示我们拥有和别人相异的价值。若一个人都感觉不到压力，那表示他毫无个人特质可言，不管被如何

对待都无所谓。还有，我们必须检视所拥有的特质是否适当，还是需要修正，若想要维持下去，就必须捍卫这些特质并寻找出肯定这些特质的方法，在新的问题出现时做出正确的判断。最后，不需要害怕别人强加在你身上的事物，只要对他们说清楚就够了，或许会有人当场不高兴，甚至嘲弄你，但可以肯定的是，在分析完你的处境之后，大家会敬佩你，因为你是一个言行一致的人。

当一个人遇到严重的同学压力时，有时会用离开来逃避问题，但这么做并不是很好的方式，因为一个人最危险的莫过于孤立自己。所以，这时候应该要寻找志同道合的人，如此，当面临新的挑战时才不会是孤单一人，而会有价值观相同的人可以寻求帮助。就算这样的人只有一个，也能发挥很大的作用。此外，若身边有年长、经验丰富的朋友，你可以去请教他们的建议，这也会有助于你排解压力。

最后，希望有一天，你也能成为这样一个无私地提供他人帮助的人。

• 提前做好职业规划很重要 •

我问过一些孩子长大以后想做什么，以下是他们的一些回答：

◎“我想当那种开棕色卡车把箱子送到你家的人。”——士元，6岁

◎“我希望自己高兴。”——丽娅，10岁

◎“我想当一名竖琴老师，当个妈妈。”——贝贝，11岁

◎“我想当送比萨饼的人。”——云迪，8岁

◎“我想当一个核科学家一定很有趣。”——朗朗，11岁

◎“我真的，真的，真的很想当电脑技师。”——艳君，11岁

◎“我想当兽医。”——若木，10岁

◎“我想当摄影师，可以到处旅行，还有可能上太空。”——子佳，10岁

如果你马上就要初中毕业了，最好开始思考一下这个问题，想一想自己长大以后想要干什么。我并不是说一定要有一个很确切的答案；因为你最终的目标应该是为自己未来所从事的职业未雨绸缪，而不是东一头西一头地到处打工，最终一无所成。

问题的关键就是要寻找属于你自己的声音。我在这里可不是说什么合唱团的事，我的意思是说要找到你自己的最佳状态，你自己最想做的事情，你自己最擅长做的事情。

我最擅长什么　　这是才能

我最喜欢做什么　　这是激情

我认为自己应该做什么　　这是良知

社会最需要什么以及我做什么能够得到最优厚的报酬

这是需要

这四个圆圈交会的地方就代表着你的声音。当你选择自己想上的大学，想从事的工作，希望攻读的专业等问题的时候，想一想这几个问题。最终，你一定能够拥有一个能够充分反映自己声音的职业。

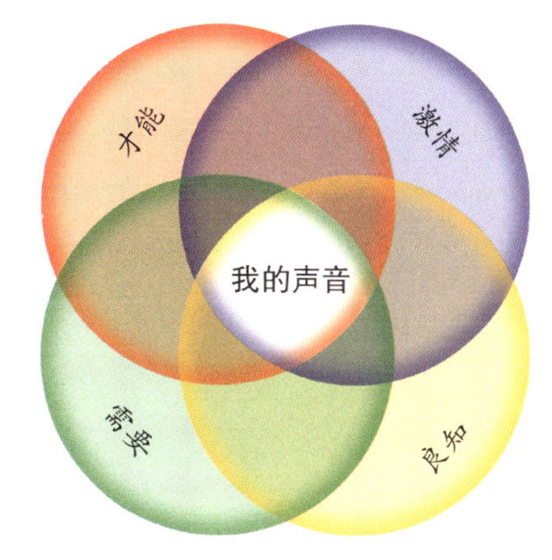

所有这四个圆圈都很重要。举个例子，你十分热爱音乐（激情），而且在这个领域颇有才华（才能），同时还想办法利用自己的这项能力谋生（需要）。当然，成为摇滚巨星的几率太过渺茫，

所以在这方面不要太过执着。但是你可以教音乐课或为电视广告及电影创作配乐谋生。同样，你也不希望自己到头来有个薪水很高的工作（需要），但这份工作并不让你快乐（激情）或让你无法发挥自己的才华（才能）。

也许你从内心深处感觉自己这一生中有些很特殊的事情需要由你来完成（良知）。做到这一点有可能会花更多时间。一定要耐心。在你寻找属于自己声音的时候，以下这些建议或许对你会有所帮助。

多选课广泛尝试，找到兴趣点

“撒大网才能捕大鱼。”如果你不去尝试，又怎么能够知道自己喜欢什么不喜欢什么呢？因此，在中学的时候，一定要多选课。

把自己感兴趣的用笔圈起来：

有氧运动	电影文学与电影史
天文学	食品
舞蹈	珠宝
制陶	新闻（校报）
制衣	音乐独立学习
文学创作	辅导同学
摄影	学习技巧
莎士比亚	电视/录像制作
手语	体重控制训练
运动娱乐推广	德语

看看你身边的人，有的时候，一件很简单的事有可能会激发你的灵感和创造力。如果可能的话，你应该尽量多尝试几份实习工作；如

果你真有勇气的话，就应该着手自己创业，成为青少年企业家。以下就是一个少年企业家的实际例子。

克里斯托弗·哈斯企业公司

克里斯托弗·哈斯

加州，特缪古拉

Photo used with permission of Sportime, LLC

克里斯，17岁，篮球场上的神投手。他说："我注意到很多孩子投篮不准全都是因为他们拿球的姿势不对。"他来到自己家里的车库，将双手伸进油漆桶里，在一个篮球上印上了自己的手印。他当时并没有意识到这是个天才创举，因为球上的手印能够让孩子在投篮的时候准确掌握拿球的位置。如今，各地特殊体育用品商店全都出售这种印上手印的篮球和橄榄球。他已经出售了上百万只带有手印的篮球。不过开始的时候一切进行得并不顺利。据克里斯自己回忆："我在一年半时间里被12家公司拒绝过，最后终于有家公司决定试一下我的产品。"如今，克里斯赚的钱已经足够支付他自己和兄弟姐妹的大学教育费用了，他们一起管理着这个家族生意。

发现自己最擅长的

我中学的时候一直都打四分卫，后来通过努力上了一所好大学。我在这所大学上了一个老师的课，受到启发选择了中文专业，最后发展了写作方面的才能，并最终影响了我整个职业。如果我坚持要打球的话，我有可能无法到大学打篮球（因为我奔跑的速度不够快），或许

就不会遇到那位对我启发良多的老师，那么以后的很多事情也许就都不会发生。我真高兴我的老师当初看到了我自己都没有发现的潜力。意外的发现，不是吗？

所以一定要留心这些意外的发现：它们有可能以各种形式出现在你的生活里，有可能是打破常规的一件事、一个意外、一个转折性的事件或者能够发现你身上与众不同之处的人。人生道路上那些曾经绊倒过你的石头有可能会成为你未来构建职业大厦的基石。有的时候我们苦心经营自己未来的职业，但有可能有一天发现自己苦苦追寻的东西就在自己的眼前。

深入思考自己到底想要什么

有很多人到头来发现自己的事业一团糟，这一切都是因为他们从来都没有花一点时间认真思考一下自己到底想要什么。应该思考些什么问题呢？应该思考自己喜欢做什么，讨厌做什么，希望自己赚多少钱，想要过什么样的生活。如果你喜欢自己当老板，那就去当企业家。如果你不喜欢居无定所，今天不知道明天在哪里，就不要去军队工作。

最重要的一点是：一定要选择自己喜欢的职业。我喜欢玛娅·安吉洛的一段话：

只有你真正喜欢做的事情才会让你有成就感。

不要把赚钱当作你的人生目标。

要做你真正热爱的事情，

然后投入自己的全部精力把它做好，

让所有人都对你刮目相看。

虽说金钱并非一切，但是赚钱多少仍是一个需要认真考虑的因素。

让我再说得更加清楚一些。一个人赚多少钱以及做什么样的工作与这个人本身的实际价值并没有什么必然的联系。所有劳动者都有尊严，都是平等的。但接受良好的教育让你拥有更多的选择。大部分做低收入工作的人并不是自己选择了这种生活，而是不得不接受这样的生活。他们愿意有一份更好的工作，但是无法实现这一愿望，因为他们缺乏必要的技术。

完成你一生的使命

每个人出生的时候都肩负着某种使命，换言之，我相信每一个人来到这个世界都是有原因的，都是因为这个世界有些特殊的使命需要由我们来完成。我喜欢电视脱口秀女王奥普拉说的一段话：

要有勇气追随你自己的激情。如果你不知道自己的使命是什么，那么你在这个世界上存在的理由就是要找到它。这一生的任务就是要找到自己的人生使命，通过严格的纪律、韧性和努力的工作去实现它。

你怎么才能知道自己走的道路是对的，交的朋友是对的，选择的工作是对的呢？你知道自己是对的，就像你知道自己做错了事情一样，因为你能够感觉得到。每个人对于伟大都有自己独特的理解，正因为这种独特性如同你的指纹一样，所以只有你自己才能够理解你自己。

留心那些让你觉得充满活力、激情与爱心的人和事，做自己喜欢做的事情，回馈周围的人，你所得到的就不仅是成功，而且将获得胜利。

看到这里，你有可能会说："话是没错，但我又不是奥普拉。"我同意，你不是奥普拉，但是你同样具有别人所没有的特殊才能和天赋，可以做别人无法做到的某些特殊事情。不管是在学校、工作场所还是在你自己的家里，要做的事情实在是太多了。

把自己的任务写出来，这是表达自己心声的最好办法。

人是有巨大潜力的

剑桥大学所做的一项研究表明，在一个词语中，字母的排列顺序无关紧要，唯一重要的是第一个字母和最后一个字母的位置一定要正确，就算其他所有字母的位置都是错误的，你照样能够正确地辨别这个单词。这是因为人类的大脑并非逐个字母去辨认，而是将一个单词作为一个整体看待。

你是不是很吃惊？我也一直都认为拼写很重要呢！

你的大脑的确是个不可思议的器官。不要浪费这个宝贵的资源，要好好地开发和利用它。我希望你能够选择继续留在学校读书这条大路，尽自己最大的努力（即使你不喜欢），为上大学以及将来的职业做充分的准备。如果你过去一直都在小道上，那么从今天开始就走上大路吧。当然，你需要补上落下的功课，但是迟做总比不做好。

中学生丽莎曾这样说过："教育就像是马戏团表演时张开的安全网

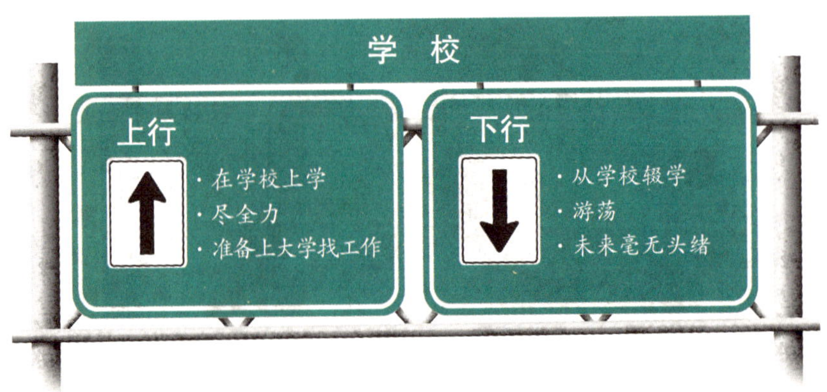

一样。即使你在表演空中特技的时候不慎掉了下来，有了这张网，你也不会受伤。”我很同意她的观点。如果有相当的教育背景，就算你丢了一份工作，还可以去找一份新工作。工作有保障并不是说要把一份工作做到老，而是说随时随地都可以找得到工作，因为你有这种能力，因为你知道如何实现增值。

找到属于你自己的声音

为了帮助你找到属于自己的声音，朋友，要有耐心！

如果你还不知道自己长大以后想要干什么，不要着急。没有必要今天就把自己的职业、专业决定下来，只要从此多加留心。要留心哪些事情能够引起你的兴趣，把自己擅长的事情记下来。认真观察从事不同行业人们的生活方式。思考一下：你崇拜他们吗？他们的生活幸福吗？

如果你喜欢做一件事情，但是觉得自己必须去做另外一件事情，那该怎么办？这是个很好的问题。我回答：“良知应该排在第一位，排在才能前面，然后才是激情，或者是需要。一定要注意自己的直觉，有的时候直觉会表现为感情、印象和观点。”

有钱不一定有幸福

赚钱和理财是许多文化很重要的一块，在中华文化里尤其如此。中国人从小就开始领红包，日常谈话中都会讨论到东西的价值。

然而，我们为什么会想要有钱？当一个人没什么钱的时候，这个问题很容易回答，但当他很有钱的时候，却不容易回答这个问题。其实，

这与钱的多寡无关，而是和态度有关。

人和金钱的关系可分为四个阶段：工作赚取金钱、存钱、使金钱增加、花钱，虽然一般人都是依据这样的步骤在处理金钱，但我们仍须避免在每一个阶段中，让赚钱的方法变成一种信仰，让我们变成金钱的奴隶。金钱应该是带来快乐的事物，不该变成我们的问题。

过分重视金钱会造成很多问题。比方说，选择行业时只考虑赚多少钱，而不考虑适合自己的工作；另一个问题是过度省钱小气，不愿意和任何人分享；还有一种是通过计算（买彩票等），或其他投机的商业行为来理财，妄想赚大钱。这些人当金钱的增加不如预期时，他们对钱的渴望往往会造成他们滥用信用卡。有人可能认为不必对青少年的金钱使用设限太多，只要要求成年人管理金钱就好。但事实上，态度决定金钱以及消费方式和价值观，而这些都需要教育与学习。一个人买东西是否太冲动、是不是买了这个又买那个、是否太频繁地换手机、有没有考虑过捐钱给慈善团体或非营利组织、是否知道要克制对奢侈品的需求等，这些都是一个人的家庭或学校教育该教导学生去判断的。

在西方社会，金钱也是很重要的，但并不一定是最重要的。记得有一首西班牙歌曲这样唱：“生命中有三样东西：健康、金钱和爱，若得到这三样得学会感恩。……如果得到爱，必须小心呵护，健康和金钱别乱丢弃。”这首歌，用简单的文字，诠释出一个人在健康、金钱和爱三方面都取得平衡的健康生活哲学。可能全世界都知道这个生活道理，至少理论上应该都要知道，所以照理来说，要实践这样的健康生活并不难，只要摒弃金钱的诱惑，对爱与健康多投注一点心力即可。

金钱和工作都不该是人生最终的追求，它们只是过程。我记得一位以前的老同事，他得到一个去某大学担任要职的机会，他接下这份

工作，但却没有放弃先前的工作，于是为了新工作，他必须每个礼拜坐飞机两边跑。飞行应该是很迷人的事，但每个礼拜都得坐飞机就无趣了，我想他要适应这样的生活应该很不容易吧。在他接了新工作后的数个月，我问他："你是为生活而工作，还是为工作而生活？"他并没有回答我，只说："是是是，我知道你想说什么。"很遗憾的，再几个月后，我竟然得知他癌症去世的消息。这样的例子，不会只是个案。一个人成为赚钱的工具，确实是一件可悲的事。

我们为什么想要钱？是为了买计算机、旅行、买更多的礼物，或为了扩大社交关系。很多人超量工作、只要有赚钱的机会就接，有的人甚至在原来的工作都还不是很稳定时，就想接新的业务。结果他们虽然赚了很多钱，却发现还有一件事要担心，就是如何保住这些钱或怎么以钱滚钱，通过投资理财来持续增加财富。如果投资成功了，他们当然非常高兴，但接下来，想使金钱继续增加的欲望还是会接踵而来。不管怎么说，如果追逐金钱变成一种瘾，人们可能到最后满脑子都是钱，而忘了健康和爱，人生就不完美平衡了。

• 做自己生命中的明星 •

崇拜偶像和做明星梦的心理是相辅相成的。青少年阶段还在探索人生的意义，充满不确定，在种种原因下他们很容易被公众人物、偶像或歌手所吸引，觉得这些人一言一行很有道理、很有说服力，对他们深感崇拜，不过这种崇拜通常都很短暂。而他们在花时间追踪了解偶像之后，很多外在或内在条件不错的人，便开始梦想成为明星。

把人神化的历史跟人类历史一样悠久，偶像的流行文化在现在世

界各地都非常普及，整个20世纪都充满了偶像明星（歌手、演员、运动员等），他们的身形和举手投足都为人欣赏和崇拜，他们吸引人的外表和充满魅力的人格特质在杂志或电影里被大量复制。近年来，因为媒体的多样性和电视频道之间竞争收视率，创造偶像的节目不断开播，这让平凡的人成为明星的例子越来越多，青少年开始感觉离梦想更加接近，更容易实现明星梦了。

青少年喜欢和一群好朋友一起发展创意、完成一部电影，或是组乐团、梦想出很多张专辑，又或者因为开心而和一群人在街上跳舞，还梦想未来以舞蹈为职业……这些都是好事。事实上，很多人觉得自己才华横溢，想要有所表现，这是很理所当然的，但因此而想成为歌手或模特等明星，那恐怕又是另外一回事了。尽管当明星是证明自己的一种方式，但它并没有那么轻松容易。

当明星是怎么一回事？明星具备音乐、戏剧、电影、运动等方面的精湛才华，所以被众人倾羡崇拜，他们甚至能改变世界的想法，因为许多人透过明星来帮助他们看见、反映并感受梦想。尽管明星的职业寿命通常都很短暂，但它确实是个赚钱的行业。当明星的人必须了解这个行业的风险，因为他的大起大落全依赖市场的反应，而人气旺时又容易使人盲目的自负和虚荣。

为了当明星而将前途孤注一掷是很冒险的事，因为明星的一夕成名或丰厚收入会激发虚荣自负的心态。自负使得这些偶像感觉自己在众人之上，沉溺于掌声中，人一旦迷失了，人生就很容易失控。另外，当明星也容易让自己失去隐私和自由，他们几乎很难躲避媒体的追逐，一天到晚被报刊杂志爆料。

换个角度想，虽然明星很受人爱戴，但他们其实是被节目或舞台

所雇用，或是为了符合电影情节所设计出来的角色。若这些节目、舞台、电影不再需要他们，那这些明星很快就会消失。因此，任何想当明星的人都该认识到自己不过是个实验品，不过是在经纪人的操控下，把价值定位在市场的某个需求面上。当上明星的人，到后来会渐渐发现，他的名利只奠定在交易行为上，是不切实际且短暂的。简言之，明星的危机就是过气无名。实际上，并不是只有青少年对于想当明星跃跃欲试，渴望成为歌手或电影演员，一些父母也觉得，子女若能有明星特质的话，就能够前途无量。他们不一定希望自己的孩子往娱乐圈发展，有些是希望他们的孩子成为其他领域的明星，像是“明星老师”、“明星法官”等，这样孩子们的成就、声望、名誉、成功就会被人崇拜，而父母就会觉得与有荣焉。其实，当明星并非遥不可及，却很少有人懂得如何运用明星的光环，去为一些崇高的目的而努力。

人们需要明星，也有很多人怀有明星梦。真正能成为大明星的人少之又少，因为当大明星是需要有才华、亲和力和绝佳的运气。就我看来，我们倒不如好好尽本分，为可以成就的学业、事业做好准备，这样才可能得到家人、朋友的尊敬与崇拜，在他们的眼中，你也是闪亮的一颗星，这样不是更容易做到吗？

当新的一缕阳光升起时，背着你的书包，带着你的梦想，迈着坚实的步伐出发。因为有了心中的榜样，属于我们的那一片蓝天才更加蔚蓝；因为有了心中的榜样，前面的道路才更加宽广。

• 培养审美能力，陶冶心灵和情操 •

有人用文字表达对美的认识，有人用音乐传达对美的理解，其实，

我们每个人都在用自己的方式认识美。罗丹说得好："美是到处都有的，对于我们的眼睛不是缺少美，而是缺少发现。"我们要欣赏美，那就要尽早培养审美能力，多去感受美的自然和生活。

青少年是单纯美好的，青少年眼中的世界是需要人指引的，美与丑的概念是要人讲解的。我们要善于用艺术的手段，或者借助于大自然和社会生活中一切美好的事物来进行有计划、有目的的美的感受和学习。

卡尔·威特是德国著名的法学家，也是一个情感丰富、心地善良、情趣高尚的人。威特的这些高雅品质都得益于他父亲从小对他的培养。

威特的父亲是个十分注意生活品质的人，在威特家中，你绝对找不到任何没有情趣和不和谐的东西。威特家的墙上糊着让人心情舒畅的壁纸，上面挂着经过自己精心挑选的有镜框的画。室内摆设的各种器具都很有情趣，如果人们赠送的礼品和自家的陈设不和谐就绝不摆出来。在住宅的周围，他的父亲砌上雅致的花坛，里面种上四季常开不败的花卉。另外威特的父亲还十分注意培养威特的文学爱好，在父亲的悉心栽培下威特成了一位很了不起的文学通，他几乎可以背下所有的名诗，而且在很早的时候就写了很多的诗，后来又成了研究但丁的权威。

威特的父亲认为一个崇尚美的人，首先要有一颗美丽的心。在威特三岁的时候，一天，威特看到一条狗从他家门前经过，他就学着其他孩子的样子，一把把它拉到自己身边，他的这一举动正巧被父亲看见了。于是父亲拽住威特的头发，揪住不放。威特吃了一惊，把拽着狗尾巴的手放开，这时他的父亲才把手放开了。然后对他说："威特，你喜不喜欢这样被人拽着头发？"

威特红着脸说："不喜欢。"

“如果是这样，那么对狗也不应当那样。”

对美的认识可以帮助青少年陶冶心灵和情操，可以让孩子变得更加纯洁与高尚，审美对人的情感具有净化作用，通过审美教育可以纯洁人性、陶冶感情、净化灵魂。柏拉图就曾经强调审美教育的重要，他认为通过对形体美和音乐美的欣赏，可以纯洁“人性中低劣的部分”，使人逐步进入心灵美、行为和制度美、各种学问知识美，最终达到理性世界这一最高层次的美。亚里士多德认为，审美教育既能给人一种精神享受，又能陶冶人的感情和净化人的灵魂。

著名教育家蔡元培先生在很早就提出过“以美育代宗教”的观点，他认为：“纯粹之美育，所以陶养吾人之感情，使有高尚纯洁之习惯，而使人我之见利己损人之私念，以渐消沮者也。”现在，我们生活的世界越来越注重物质的享乐，很少有人会去关注精神世界带来的快乐。在这个时候，审美教育就可以帮助青少年很好地平衡心态，确立正确的人生观、价值观，超越现实的物质诱惑，执着于精神领域的追求。如果我们接受美的熏陶，那就可以从美的角度、以美的眼光去看待人生，去观察整个世界，拥有一颗爱美之心，拥有一双善于发现美的眼睛。下面是一些培养审美能力的小方法。

热爱大自然

自然美能给人最高的生命理性、情绪、感觉，能锐化知觉，激发创造性思维，使语言为个人体验所充实。中国古代的山水画家王微曾谈到自然美对于精神超脱和心灵解放的意义：“望秋云，神飞扬，临春风，思浩荡。”启蒙思想家卢梭非常崇尚自然，他认为自然是美的观念的源头，人是最善于感受大自然之美的鉴赏家。家长老师们，带我们的孩

子到公园去吧，到田野去吧，去看一看蓝天白云、青山绿水，看一看花草树木、鸟兽虫鱼。无论是小桥流水的优雅情趣，还是大江东去的磅礴气势，无论是朝阳初升时小草上的一滴露珠，还是暮色降临时原野的一缕炊烟，都会使我们在大自然中受到审美的熏陶。

热爱生活

培养健康的审美情趣，应该培养对生活的热爱，将审美目光引向生活本身，在平凡的生活中感受美，进而产生创造更美好生活的欲望。现在不少青少年小小年纪便对生活失去信心，觉得什么都“没劲儿”，一遇到挫折便唉声叹气：“没意思，活着真累！”这是因为他们没有体验到生活中的美。要热爱生活，就要先体会到生活中美好的事情。

热爱艺术

艺术是人类最深最远的历史长河，是人类生活中必不可少的精神食粮。艺术审美是人的全面发展的必要素养，艺术鉴赏是审美教育的重要内容。“最好的素质教育就是让孩子懂得鉴赏。”事实上，每一个人都具有鉴赏艺术、表现艺术的天赋。这需要我们为自己打开一扇大门，提供一次机会，创造一个条件，在钢琴、小提琴、棋类、书法、绘画、舞蹈、雕塑、戏曲、文学等艺术的海洋中，学会对人的鉴赏、对物的鉴赏、对艺术的鉴赏、对生活的鉴赏和对世界的鉴赏。

如今，越来越多的人在令人眼花缭乱的动画片中、在花样迭出的漫画书中、在打打杀杀的游戏中度过自己青少年时期。在这些精神鸦片的影响下，我们的世界变得越来越虚无空洞，因此培养审美能力，加强审美教育刻不容缓。

1. 指出你在生活中最想攀比的领域，也许是相互攀比服装，也许是相互攀比长相，也许是相互比较朋友，也许是相互对比天赋。

我最想与他人攀比的地方：

2. 如果你参加的是体育比赛，表现出你的体育道德来，比赛后对对方队员表示赞赏。

3. 如果有人欠你钱，别不敢以友好的方式提醒他还钱，你可以这样说："你忘了上周向我借过10元钱吗？我有急用。"

4. 不要在乎输赢与否，与别人玩玩扑克、滑板或者电脑游戏，目的就是使大家都高兴。

5. 你不久将参加一个重要的考试吗？如果是，组成一个学习小组，与大家分享你最高明的想法，你会取得更好的成绩。

6. 如果下次你周围的某个人取得了成功的话，应由衷地为他高兴，而不是感到受到了他的威胁。

7. 认真考虑一下你对生活的总的态度，你的生活态度建立在什么基础之上？是争强好胜、逆来顺受、两败俱伤，还是双赢？

8. 认真考虑一下你认为是双赢楷模的人，你到底敬佩他们身上的哪些优点？

这些人是：

我从哪些方面敬佩他们：

9. 你同异性的关系是逆来顺受的关系吗？如果是，那么你应该做些什么来改变这种关系让你也赢，或是根本不再继续这种关系，从这种关系中解脱出来？

平衡关系学习表

学习范畴	学习重点	课题	概要
人与自己	自我概念	1. 我的理想	职业对于青少年来说虽是遥不可及的事情，但是认识自己的能力，以及各种不同工作的性质，却是随时随地都可行的事。本课让学生认识性格、专长及兴趣与选择职业的关系，鼓励学生早日立下发展方向，追求理想职业的目标。
	自我管理	2. 独立自主	小学阶段正迈向青少年发展阶段，挣扎于“独立”与“依赖”的心理状态之间。青少年有时希望独立自主，但常以不恰当形式表达，如反叛、漠视旁人；他们有时会害怕独立，希望父母仍是自己的避难所。本课旨在让学生明白“独立自主”的恰当表现，了解他们需要父母协助的情况，并学习在互相信任的基础上与父母进行协商。
	解决问题	3. 消除压力	现代社会生活节奏快，又强调竞争，即使儿童也不能幸免，长期在压力下生活。本课旨在引导学生明白产生压力的环境及自己的反应，明白压力有正面和负面的效果，及学习健康的减轻压力的方法，避免不健康的处理方法。
人与他人	尊重及接纳他人	4. 感激爸妈	现代父母大都关心子女，不断把自己认为最好的给予子女。本课旨在鼓励学生关心及回报父母，营造相互关爱的家庭气氛。
	沟通与人际关系	5. 异性相处	人类社会是由两种不同的性别组成的，两性的角色与地位可以说是缺一不可。因此，异性交往是人类生活的一部分。然而，现今青少年往往被灌输错误的观念，以为异性交往只有男女朋友关系。本课旨在让学生认识两性的互动，学习以健康的态度相处。

平衡关系学习表

教学目标	价值观 / 态度	共通能力
1. 让学生明白良好的资历是求职的重要条件。 2. 让学生了解自己的性格、专长及兴趣与选择职业的关系。 3. 鼓励学生规划自己的学习生涯，努力达成理想。	· 个人独特性 · 进取 · 积极 · 自决	· 自我管理能力 · 沟通能力
1. 让学生明白照顾自己是学习独立的表现。 2. 让学生分辨可自行处理及需要依赖父母帮助的层面。 3. 鼓励学生学习照顾自己及向父母表达意见。	· 自由 · 个人独特性 · 自律 · 自决 · 独立 · 信任 · 负责任	· 自我管理能力 · 判断性思考能力
1. 让学生了解压力的成因。 2. 鼓励学生学习健康的减压方法。	· 自决 · 坚毅 · 有信心 · 乐观 · 有创意 · 积极 · 善于应变	· 自我管理能力 · 解决问题能力 · 创造力
1. 引导学生衡量自己与父母的关系。 2. 引导学生体察父母为子女付出的关爱，并愿意感激父母。 3. 鼓励学生与父母良好地沟通。	· 爱心 · 关怀 · 欣赏 · 尊重 · 同情心 · 情感	· 沟通能力 · 自我管理能力 · 创造力
1. 让学生认识与异性相处的方式及应有的态度。 2. 让学生认识喜欢和恋爱的区别。 3. 鼓励学生与异性健康交往。	· 情感 · 思想开阔 · 平等 · 同情心 · 尊重别人	· 协作能力 · 沟通能力 · 解决问题能力

平衡关系学习表

学习范畴	学习重点	课题	概要
	应变与处理冲突	6. 再见同学	学生将要面对与他们成长的同学、老师及校园分别，这份分别感会令部分学生出现情绪低落的状况。本课旨在帮助学生明白，分别是人生经常要面对的遭遇，帮助他们认识联系感情的方法，并鼓励他们珍惜与同学、师长共处的时间。
人与环境	学习技巧及态度	7. 网络世界	现代社会信息发达,儿童一方面可以通过互联网进行学习及接收信息，开阔视野；另一方面，他们同时需要训练及培养学生使用互联网的节制及辨识能力，使他们能恰当地运用信息进行有效的学习。
	世界秩序/价值	8. 多元文化	本课旨在引导学生发现他们在日常生活中，经常接触不同国家的文化，以此来推广各国人民平等与相互尊重的教育，增进社会的和谐发展。
人与宇宙	生之美丽	9. 生之潜能	人类的生存以至文化和社会发展，都依赖人类智力的推动。根据多元智能论，人除了语言和逻辑数理能力外，还拥有音乐、空间、运动能力、人际交往、内省和自然观察等其他智能。 虽然每个人拥有的智能不同，但只要得到适当培养，都能用来解决问题和创造成果，对社会作出贡献。本课旨在鼓励学生认识人类具有的多元智能及发现自己所具有的智能，体会生命存在的价值，进而培养尊重和珍惜自己与他人生命的情怀。
	生之限制	10. 面对死亡	生、老、病、死是自然生命的必经阶段。在现代社会，“死亡”的影像只出现在医院、殡仪馆或媒体报道中。儿童对“死亡”的认识被禁锢在恐惧、迷信、否认或轻生的阴影下。本课旨在让学生正确认识死亡，懂得生命的意义。

平衡关系学习表

教学目标	价值观 / 态度	共通能力
1. 让学生回想自己在学校的成长过程。 2. 让学生认识保持感情联系的方法。 3. 鼓励学生珍惜余下的学校生活，并在能力范围之内对学校作出贡献。	· 情感 · 独立 · 真诚 · 爱心 · 关怀 · 积极	· 沟通能力 · 创造能力
1. 让学生明白互联网的利弊。 2. 鼓励学生善用互联网。	· 自律 · 批判性 · 负责任 · 乐于学习	· 自我管理能力 · 运用信息科技能力 · 批判性思考能力
1. 让学生明白中国是一个多元文化的社会。 2. 鼓励学生尊重不同的文化，让他们得到均等发展机会。 3. 鼓励学生消除歧视与偏见。	· 多元化 · 思想开阔 · 平等 · 公共利益 · 互相依赖 · 自由 · 文化及文明传承 · 人权与责任 · 开放 · 尊重不同的生活方式	· 批判性思考能力 · 沟通能力
1. 让学生明白人类具有多元智能。 2. 让学生发现自己所具有的智能及他/她能做出的贡献。 3. 鼓励学生继续发掘培养自己的潜能。	· 个人的特性 · 自尊 · 自省 · 进取 · 平等 · 多元化 · 具创意 · 尊重自己、别人	· 自我管理能力 · 解决问题能力 · 批判性思考能力
1. 让学生认识死亡是生命必经的阶段。 2. 让学生了解死亡在人生中所扮演的角色及对自己的影响。 3 .鼓励学生珍惜生命。	· 珍惜生命 · 人性尊严 · 个人的独特性 · 尊重生命 · 思想开阔 · 积极	· 自我管理能力 · 批判性思考能力 · 沟通能力

我的训练计划

我们每个人都会有憧憬——憧憬有一天我们的生活会非常美好、我们会有很多钱、会受到别人的尊敬等。但是生活中会有很多坎坷，我们必须学会客观地看待自己的实际情况：实事求是地看待自己的能力，知道如何改变才能使情况好转的能力，以及要有掌握情况后去积极进行改变的能力。

你的EQ你做主

我们常常听说，EQ高的人善于处理自己的情绪，做事更容易成功。你知道EQ是什么吗?

EQ（Emotional Quotient）的中文译名是情商，是一种管理自己的情绪和理解他人的情绪的能力。这种能力是需要通过在生活中学习，不断反省和修正自己才能获得并提高的。

提高情商的三大原则

a 管理自己的情绪

b 思考行为的后果（长远）

c 理解他人的情绪

1. 管理自己的情绪

第1步：WHAT——我现在有什么情绪?

当受到某些刺激时，你自然会有愉快或不愉快的情绪反应，这时候只管去接纳它，不用否定它。你做得到吗?（请在以下对应的选项前画√，如能诚实作答，对你管理自己的情绪会有很大帮助。）

处境一：为了赶上即将开动的地铁列车，你一个箭步冲入车厢，结果“轰”的一声，整个人摔倒在车厢内。

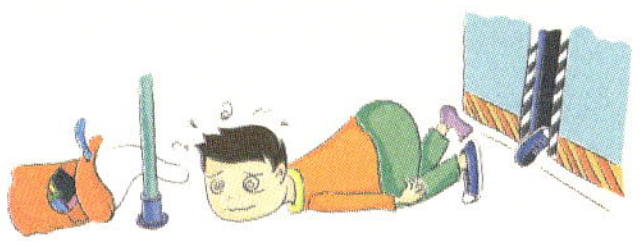

你真的感到 ●● □尴尬 □愤怒 □恐惧 □其他

处境二：早上，你正在洗手间聚精会神地梳理头发，外面传来妈妈的责骂声：“每天都在头发上浪费时间，哪会用心读书呢！”

你真的感到 ●● □沮丧 □忧愁 □气愤 □其他

处境三：学校运动会上，你看见同班同学在台上荣获个人100米、200米及400米径赛总冠军，掌声雷动。

你真的感到 ●● □兴奋 □妒忌 □失望 □其他

处境四：你的绘画/科学小发明/文章被提名参加全国中小学组“绿色校园”设计比赛。

你真的感到 ●● □快乐 □骄傲 □惊讶 □其他

处境五：你的好朋友很久没有与你在网上聊天了，打电话给他，他只冷淡地回应一两句。

你真的感到●● □担心 □内疚 □受伤 □其他

处境六：你说谎欺骗了好朋友，想向他道歉，但又拿不出勇气。

你真的感到●● □挫折 □内疚 □忧愁 □其他

处境七：你拉肚子，匆匆走进公共洗手间，想找个比较干净的马桶，不料每一个都脏得不堪入目！

你真的感到●● □厌恶 □愤怒 □沮丧 □其他

处境八：某些同学说话刻薄、没有礼貌。

你真的感到●● □厌恶 □愤怒 □失望 □其他

第2步：WHY——我为什么有这种情绪？

情绪出现了，要反问自己：我为什么生气？我为什么感到厌恶？我为什么……唯有找出原因，我们才知道自己的情绪反应是否过激或过于压抑。

举例处境一

为了赶上即将开动的地铁列车，你一步箭步冲入车厢，结果“轰”的一声，整个人摔倒在车厢内。

你真的感到●● □√尴尬 □愤怒 □恐惧 □其他

原因：感到尴尬，因为摔跤的样子使人发笑，觉得很难为情。

请从第1步中选择一个处境，学习分析某种情绪出现的原因。

处境一：（请选出第1步中的一个处境）

原因：感到________，因为________

____

第3步：HOW——我如何有效地处理情绪?

想一想平日心情不好时，会怎样做来让自己愉快一点。许多方法都可有效舒缓情绪，例如听歌、运动、哭、聊天、写日记、涂鸦，用乐观积极的想法来改变心情。

察觉自己当下的情绪

▼

暂时把情绪放下，冷静一下

▼

再把注意力集中在自己此刻的情绪

▼

体会自己的感觉或者内心的感受

优势：察觉自己的情绪，就不会把注意力放在外界的人和事上，这样情绪才不会完全覆盖理性，不易产生太直接或太冲动的情绪反应。

2. 思考行为的后果（长远）

个案一　某些同学说话刻薄、没有礼貌。你觉得他很讨厌，很想怒叱他，试想“怒叱”这种行为会产生什么后果?

个案二　你说谎欺骗了好朋友，想向他道歉，但又拿不出勇气。你感到很内疚，很讨厌自己。试想“讨厌自己”这种行为会产生什么后果?

个案三　学校运动会上，你看见同班同学在台上荣获个人100米、200米及400米径赛总冠军，掌声雷动。你妒忌同学在运动方面的突出表现。试想“妒忌”这种行为会产生什么后果?

3. 理解他人的情绪

与“理解自己的情绪”一样，先要理解对方有什么情绪及对方为什么会有这种感觉或情绪。人与人的关系是互动的，情绪也会互相影响。如果我们心思缜密，能阅读他人的面部表情及身体语言，用心思考他人为什么会有这种感觉或情绪（宜作正面思考,负面思考没有建设性），相信我们对他人的情绪表达会多一份谅解，并能有效地做出适当的反应。

早上，你在洗手间聚精会神地梳理头发，这时传来妈妈的责骂声：“每天都把时间浪费在头发上，哪会用心读书呢！”

方法一：理解对方有什么情绪

接纳妈妈的情绪反应。

方法二：理解对方为什么有这种情绪

找出妈妈责骂的原因：（试着设身处地地想妈妈为什么会为此事动怒）（请具体写出三项）

①

②

③

方法三：有效做出适当反应

按以上原因各做一适当反应。

消除压力

最近你曾出现下列情况吗？圈出适当的数字，并计算压力指数。

情况	很少	一般	经常
1. 睡得不安稳，如：梦多、惊醒。	0	1	2
2. 长时间感到头痛/胃痛/腹泻/背痛/肌肉拉紧。	0	1	2
3. 长时间感到口干。	0	1	2
4. 长时间感到身体软弱无力。	0	1	2
5. 饮食习惯改变，或大吃大喝，或食欲不振。	0	1	2
6. 开始有赖床习惯或害怕上学。	0	1	2
7. 长时间感到手脚冰冷。	0	1	2
8. 变得容易哭。	0	1	2
9. 变得容易发脾气。	0	1	2
10. 空闲时轻松一下也会觉得内疚。	0	1	2
11. 与人倾谈时失去耐性，容易打断对方的话题。	0	1	2
12. 变得不再喜欢和大伙儿一起玩。	0	1	2
13. 长时间感到孤立无助。	0	1	2
14. 对平日喜欢的活动突然失去兴趣。	0	1	2
15. 长时间无法集中精神。	0	1	2
16. 长时间担心自己的成绩。	0	1	2
17. 成绩突然一落千丈。	0	1	2
18. 长时间为小事忧虑。	0	1	2
19. 长时间觉得自己没有用。	0	1	2
20. 长时间觉得同学和家人都不欣赏自己。	0	1	2
总　和	（A）	（B）	（C）

压力指数=（A）+（B）+（C）=

压力指数分析：

0–12分　精神压力程度低，但可能做事的动力不足。

13–18分　精神压力程度中等，虽然有时感到压力大，但仍可应付。

19分或以上　精神压力偏高，宜探求压力来源和寻求解决方法。

> 上述测试只希望引发你对精神健康的关注，若分数不理想或不切合你的状况，请不必介意。

减压一二三

你会选择哪种减压方法？把○着色，或在空白位置填写/绘画答案，然后写上感受。

用上述减压方法后，

我感到

总结　人人都会面对压力，它可能来自学业、朋友或家庭。要懂得减压，才会生活得快乐。

肌肉松弛法

1. 紧握拳头数秒，然后放松。

4. 头部缓缓向后拗，再向前拗，下颌尽量贴近胸前，然后放松。

2. 双手屈起，手腕尽量贴近肩数秒，然后放松。

5. 紧闭双眼数秒，然后放松。

6. 脚板向上拗，停留数秒，然后向上拗，停留数秒。

3. 肩用力向上推，尽量贴近耳朵数秒，然后放松。

健脑操——库氏挂钩

1. 在座位上，将左脚踝交叉放在右脚踝之上（左右倒转亦可）。

2. 双手拉直，交叉双手，两手掌心相对。

3. 手指交错相扣，向后反扣，拉回胸前。

4. 以此坐姿保持一分钟，深呼吸，闭上双眼，并以舌尖顶着上腭。

5. 双脚分开，手腕松开，两手指尖相触。

6. 继续深呼吸一分钟，舌尖仍顶着上腭。

健脑操——小腿肚拉筋

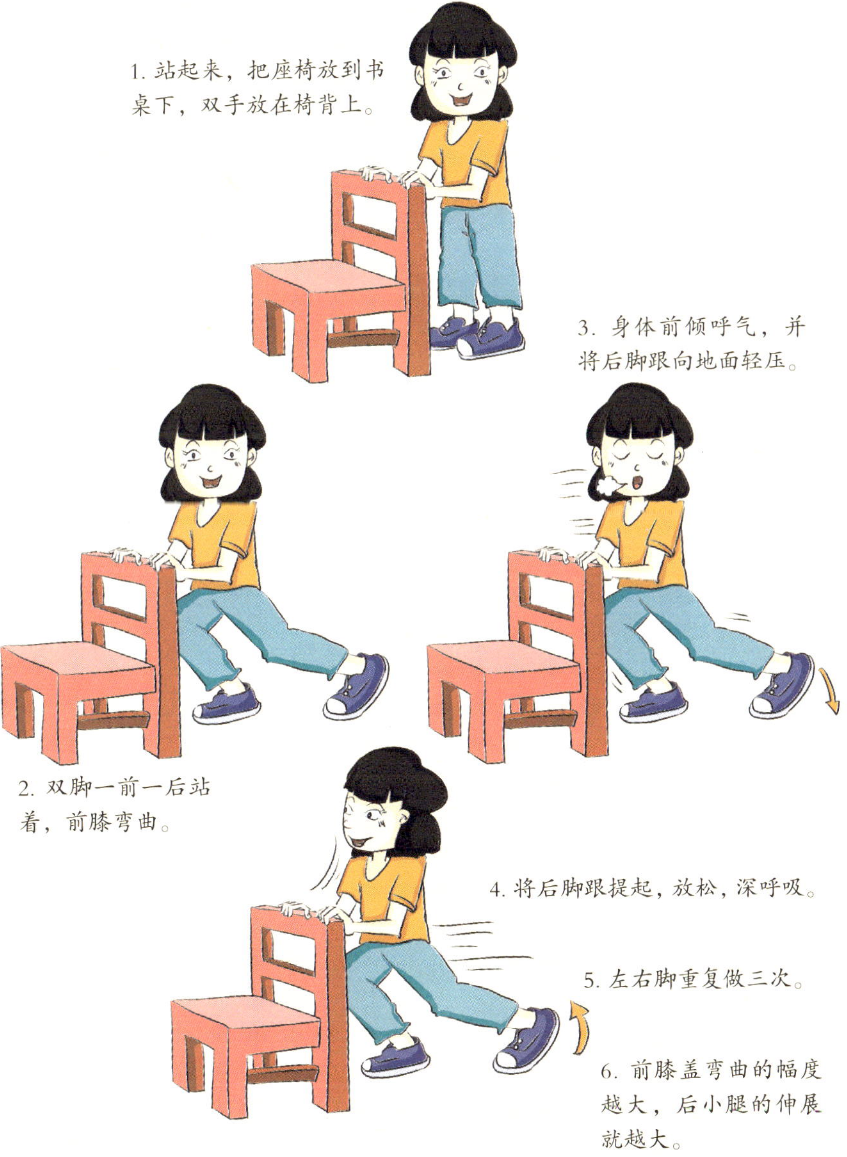
1. 站起来，把座椅放到书桌下，双手放在椅背上。
2. 双脚一前一后站着，前膝弯曲。
3. 身体前倾呼气，并将后脚跟向地面轻压。
4. 将后脚跟提起，放松，深呼吸。
5. 左右脚重复做三次。
6. 前膝盖弯曲的幅度越大，后小腿的伸展就越大。

你是你的CEO

1. 关于“钱”……

a 钱的联想

说到金钱，你会立刻联想到什么？（可√多项）

- ○零用钱
- ○破产
- ○现有的储蓄
- ○赚钱是为了花钱，赚钱越多，消费就越多
- ○买喜欢的东西
- ○越多越好
- ○金钱不是万能的
- ○实现梦想
- ○没有钱万万不能
- ○足够生活就行了
- ○有钱就有安全感
- ○帮助有困难的人
- ○赚钱不易，需要劳心劳力，承受许多压力
- ○只要走捷径，动动脑筋，不难成为富翁
- ○积少成多，储蓄可作不时之需
- ○家庭日常开支
- ○投资方法：股票、债券、外币、收藏品等
- ○借钱
- ○其他：________

b 钱来钱去

根据你的了解，选出爸妈的收支、储蓄和投资的习惯。（可√多项）

- ○爸妈会加薪/减薪
- ○爸妈有储蓄习惯
- ○爸妈每天要支付交通费、伙食费、生活基本的开支

○爸妈每月都要支付许多账单，如水、电、电话、煤气、房租等

○爸妈买保险，如医疗、人寿、旅游、财产等

○爸妈有投资习惯，如股票、外币、房地产等

○爸妈用钱时很谨慎

○爸妈精打细算，往往在商场大减价时才去购买商品

○其他：

理财的基本概念

收入（成人）= 知识+努力+时间+判断+压力+……

收入（学生）= 零用钱+红包+其他（如成人给孩子的一些奖励）

支出（成人）= 生活基本开支+支付账单+缴税+额外开支（宴会、礼物等）

支出（学生）= 饮食、交通费、其他消费等

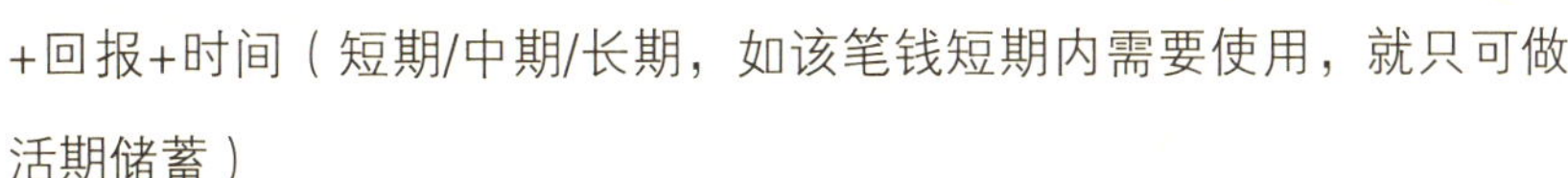

投资 = 储蓄（利息）+投资的知识及分析+风险计算+回报+时间（短期/中期/长期，如该笔钱短期内需要使用，就只可做活期储蓄）

理财的基本原则

① 资源管理就是懂得用正当的方法增加收入，减少不必要的支出。简单而言，就是用智慧做适当的分配和计算。

② 善于理财的先决条件就是拥有精确的计算能力，怎样把握时间和机会去增加收入，用最便宜的价钱买值得买的东西。

③ 量入为出，懂得投资储蓄（特别是长线投资），为将来的需要做准备。

2. 理财 = 风险评估

懂得理财就是懂得把握时间和机会，计算可承担的风险，获得理想的回报。你知道什么是风险吗？尝试以四人一组玩一个游戏，你很快就会明白风险基本的概念。

先到先得游戏（见下页图）

游戏方法：

① 每人从五条路径中选择一条路径（可用骰子点数决定选择次序），用标志物代表自己（如橡皮、糖果等），各人轮流掷骰子，按路径上的指示完成游戏，最快到达终点者胜出。

② 如果骰子点数超过距离终点的格数，就要按剩余点数往后退。

③ 时限为三分钟，如没有人到达终点，最接近终点者就算胜出。

④ 如时间许可，可再玩一次。

我的体会：（可√多项）

□ 看似最短的路径却风险重重，未必可在预定时间内到达终点。

□ 看似最长的路径却全无风险，比较容易在预定时间内到达终点。

□ 路线越短，风险越大，安全系数越低。

□ 承受风险的能力因人而异。

□ 开始前就要计算不同路径的风险，获得预期的收益，减少损失。

□ 掷骰的数字是未知数，投资风险也要计算许多未知数，如战争、政府政策失误等。

□ 其他：

投资回报与风险的关系

当你把这个游戏玩了数十遍甚至上百遍的时候，你就会发现每次结果都不同，而反映投资回报跟投资项目的风险有关。许多投资者都

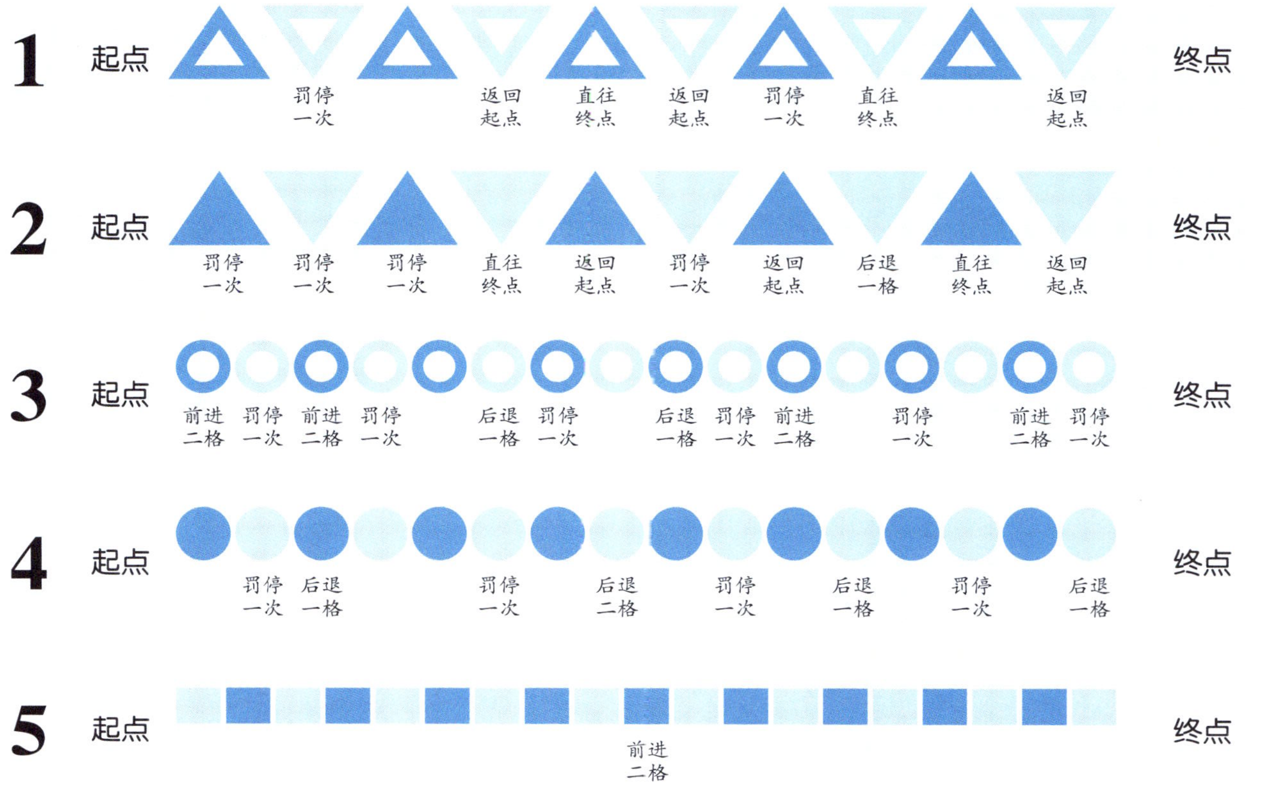
1
起点
罚停一次
返回起点
直往终点
返回起点
罚停一次
直往终点
返回起点
终点
2
起点
罚停一次
罚停一次
罚停一次
直往终点
返回起点
罚停一次
返回起点
后退一格
直往终点
返回起点
终点
3
起点
前进二格
罚停一次
前进二格
罚停一次
后退一格
罚停一次
后退一格
罚停一次
前进二格
罚停一次
前进二格
罚停一次
终点
4
起点
罚停一次
后退一格
罚停一次
后退二格
罚停一次
后退一格
罚停一次
后退一格
终点
5
起点
前进二格
终点

追求短时间内价格波动很大的投资项目。然而，波动越大，可预测性越低，风险也越大。从长期来看，损失也容易很大。相反，稳健的投资者追求波动少、预测性高的投资项目。从长期来看，所得的回报也可能很大。

例如：

在人人看淡的股票市场买入一些优质股票，三五年，甚至十年之后，回报是很可观的。其实，除了金钱投资外，学习任何一种学问或专长，发掘潜质，建立友谊也是如此，走捷径是非常危险的，难以成功。

思考题：

试比较以下投资活动的回报及风险的高低，解释其中一个可能发生的风险。

a. 把钱存入在保险箱里（分析：回报率是零。风险相对很低，除非给小偷偷去。）

	回报	风险
b. 把钱存在银行		
c. 投资政府债券		
d. 买股票		
e. 买金币		

3. 消费情报

金钱赚来不易，能够买到价廉物美的商品是大家共同的愿望。如果你想获得“消费情报”，以下小贴士不可不读：

a •• 多买需要的，少买想要的

请在甲、乙处分别写出五样你需要的及想要的东西。

甲（需要的东西） 乙（想要的东西）

①　　　　　　　　①

②　　　　　　　　②

③　　　　　　　　③

④　　　　　　　　④

⑤　　　　　　　　⑤

“需要的东西”表示必须要用的生活用品，否则生活会出现很大困难，“想要的东西”表示即使得不到满足，也可以正常生活。

b •• 尝试列出你最想要的东西，逐一完成以下步骤，你一定会节省不少钱。如果能够询问“行内人”，就更容易买到价廉物美的东西了。

	商品款式	生产地	材料	价钱	优惠价/折扣（优惠期）
商店A					
商店B					
商店C					

c •• 购买时要注意商店的信誉，价钱合理与否，仔细阅读说明书。

d •• 了解消费者的权益

遇到不公平的交易，如货物不符、逾期不交货、服务不满意等，在与商店交涉后还不能讨回公道的，可向“消费者协会”投诉。

4.收支平衡最合理

要计算支出是否过度，最好的方法就是把每个月的基本开支及额外开支列出来。如果某月的开支超出预算，下个月就要节省，来弥补上一月的超支。如果能养成这个习惯，你就已经掌握了理财的基本原

则——量入为出。尝试完成以下两个图表：

结语 金钱会从天而降吗？不，它是劳动换来的报酬。有多少金钱，全在于你怎样用智慧去分配和计算。富裕的帮助贫困的，是件美事，不足的就要量入为出，也很不错。

谨记，零用钱是父母白白给你们的，你们应善加运用。自幼养成储蓄的习惯，生活就享有更多选择，更多自由！

个人收支表

收　入	金额
上月盈余	
本月零用钱	
其他	
支　出	**金额**
储蓄	
伙食	
交通	
其他	
收入减支出（剩余/超支）	

家庭支出表（　月）

a. 基本开支	金额
1. 房屋、物业费	
2. 交通	

a. 基本开支	金额
3. 伙食费	
4. 水费	
5. 电费	
6. 燃油费（煤气、汽油等）	
7. 电话费	
8. 报纸/杂志/书籍	
9. 衣服	
10. 零用钱	
11. 教育/进修	
12. 其他（保险、捐献……）	
b. 额外开支	**金额**
1. 娱乐	
2. 旅游	
3. 宴会/庆典	
4. 维修	
5. 医药费	
6. 其他	
共 计	

你的偶像是谁

1. 偶像解剖

你对偶像有多少认识呢？依照你对自己的偶像的认识填写下表，不清楚的项目可忽略。

a ●● 偶像小解剖

姓名 ▶▶

别名 ▶▶

最新作品/成就 ▶▶

生活喜好 ▶▶

最喜爱的食物 ▶▶

最喜爱的饮品 ▶▶

最喜欢的歌手或演员 ▶▶

兴　　趣 ▶▶

性　　格 ▶▶

专　　长 ▶▶

最尊敬的人 ▶▶

感情生活 ▶▶

家庭观 ▶▶

事业观 ▶▶

爱情观 ▶▶

友情观 ▶▶

名　　言 ▶▶

人生目标 ▶▶

b ●● 最近两个星期，你买了哪些与偶像有关的东西？花了多少钱呢？

日 期	项 目	价 钱
	总 和	

c ●● 你为什么喜欢这个偶像呢？你在哪些地方受到偶像的影响呢？

d ●● 你觉得自己对偶像有多么着迷呢？你的好朋友觉得你对偶像有多么着迷呢？

e ●● 你在“偶像小解剖”中填写的资料，是从哪里得来的？你怎么知道这些资料是真实的？

2. 偶像类型大汇总

你只知道你的偶像很有“型”，但你知道偶像有很多类型吗？

a ●●（你的偶像属于哪种类型？）如果你有多个偶像，可用√进行多项选择。

○影视歌明星

○体坛明星政界人物

○知识型人物，如小说家、音乐家、学者

○商界人物

○非名人偶像，如父母、教师

○虚构人物，如卡通人物、小说角色

b ●●（你同学的偶像属于哪种类型？）

同学：

偶像：

偶像类型：

喜欢的原因：

c ●●（你喜欢偶像哪些地方呢？）可用√进行多项选择。

○英俊、漂亮动人、清纯可爱

○使你动心、有浪漫的感觉

○有气质 ○有性格 ○悦耳的歌声/演技出色

○成就显赫 ○具有可歌可泣的奋斗史

○他/她的歌或演出使我感动，容易产生共鸣

○他/她是潮流的指针 ○待人真诚、有礼

○有钱、有车、又受人尊敬 ○舍己为人，乐做善事

○他/她是最理想的人 ○给你情感寄托

○身边的朋友喜欢他/她，我就喜欢

○其他：

d ●●（你的偶像是……）请用√选出最合适的选项，只可选一项。

○你模仿的对象，仿效他/她的衣着、言行举止等

○你崇拜、仰慕的对象，认为他/她是最理想、无人可及的，使你

有浪漫的幻想

○你尊敬的对象，认同他的奋斗、成就、人格特征、技艺等，以他/她为奋斗目标激励自己

○其他

3. 偶像看法新视角

时候到了，快把你的偶像看得更彻底、更全面吧！

学生a

“我崇拜你以前，世界是荒原，我崇拜你以后，世界是一个乐园。过去的岁月，像一缕轻烟。未来吗？因为你，我觉得幸福无边。你眼眸里的一丝光彩，胜过千言万语，你灿烂一笑，蓝天做纸，海水为墨，也写不尽我对你的依恋。”

学生b

“贝克汉姆勇于拼搏，永不言败，强调团队精神，不会只顾个人威风。他成名后，每次练习仍积极投入，苦练个人技术，把每次比赛当作人生的挑战。我虽然不是足球迷，但我喜欢贝克汉姆那种不断向前、奋斗、进取的精神。”

学生c

“贝克汉姆是我见过最英俊的男人。他充满了活力和男性魅力。他眉宇间流露着刚毅，笑容中展示着自信。他射出的球在空中画出一道彩虹般的弧线，绕过人墙直入敌军网窝。那个左手支腰右手遥指的指挥若定的姿态，实在让人陶醉。总之，他在球场上一举手一投足都那样优美。”

学生d

“贝克汉姆很了不起。可是，我又不打算做职业球员，他多努力，

多艰苦练习，关我什么事呢！他乐善好施，常捐钱帮助第三世界的儿童，但我又得不到什么益处，关我什么事呢！”

a 以上四位学生对贝克汉姆的看法有什么不同？请回答以下问题。

① 偏向偶像的外表还是偶像内在的气质和特征呢？

② 偏向抒发个人的情感还是欣赏对方的内涵呢？

③ 偏向浪漫的想象还是理性的分析呢？

④ 偏向主观的迷恋还是客观的欣赏呢？

b 四位学生对贝克汉姆持有不同的看法，这种看法怎样影响他们向贝克汉姆学习的呢（如性格、品位、喜好、目标、衣着、发型等）？

---

c 在偶像崇拜上，你最像哪位学生呢？

---

4. 偶像再解剖

偶像不一定是明星，打破对“偶像”狭窄的定义，“偶像”的天空可以是很广阔的。

除了你的偶像以外，真的没有其他人值得你学习吗？想一想，再完成下表。

新偶像	
姓名：	关系：
偶像类型：	
值得学习的东西：	

支持社区各种活动

你可以采用哪些方法介入社区活动呢？下面列举出几种方法，请你列举出其他方法。

1.

2.

3.

4.

5.

第8章 坚守信念，它值得你为之奋斗

该是"我出发的时间"了

你会惊奇地发现，这一切会带来一些小小的变化。渐渐地，你的自信在增加，你会感到更快乐；会"自然而然地"进步，你的目标也会变为现实，你感觉心里很踏实。

几年前，黑人牧师杰西·杰克逊曾在民主党全国代表大会上演讲，演说辞中震撼人心的一句话在会上激起热烈反响，他只说了几个字："不要放弃希望。不要放弃希望。不要放弃希望。"

他一遍又一遍地重复着这句话，就好像一个永不消逝的声音。人群中掌声雷动。你能感觉到他声音里那份真挚的情感，他的话感动了在场的每一个人，他创造了希望。

影片《加勒比海盗》中有一段让人无法忘怀的情节：当船即将在暴风雨中解体时，一个海盗问船长杰克·斯帕罗怎么办，船长（虽然不那么让令人佩服，但是依然有可贵之处）只回答了四个字：坚守信念！

虽然我清楚斯帕罗船长的信念另有含义，但是本书的信念指的是你在人生的每一个关头做出的明智决定，坚持你认为是正确的方向，即便这条路崎岖不平，人迹罕至，你也一往无前。即便你走错了路，也可以迅速返回。

真希望我能告诉你，生活是美好的，然而对这点你我都知道得更清楚。你在生活的道路上会遇到艰难挫折，似乎一切都陷入绝望，这时就要"坚守信念"。依靠你的道德信念，在你背叛朋友时，良知会使你感到内疚。在你善待父母时，良知会使你感到温暖。信念会引导你做出正确的选择。

几年来人们一直在争论是"基因塑造了你"还是"环境与教养塑造了你"。我的答案非此也非彼，而是"人生坐标塑造了你"。固然基因和教养对你有着很大的影响，可是你之所以是你的根本仍然是人生坐标。坐标的法则！因此你要记住，在你青少年时代有5个最重要的坐标可以成就或是毁灭你的未来。你有选择自己道路的自由。我希望，

在你读完这本书后，你会比以前更好地回答以下这几个问题：

1. 我将如何对待学习？我的人生目标是什么？
2. 我将选择什么样的朋友，而我自己又将是个什么样的朋友？
3. 我与父母将形成什么样的关系？
4. 我将具备什么样的技能？我理想的职业选择是什么？
5. 我将如何与他人交往，建立自己的人际关系？
6. 我如何创建自尊自爱、和谐统一的生活事业愿景？

• 请认真对待！ •

这是我写这本书的初衷……给你带来希望！希望你能有所改变，戒掉网瘾，改善与至亲的关系，希望你能找到自身问题的答案，充分发挥你的潜力。即便是你的家庭生活一团糟、你的考试不及格、你唯一的情感依托就是你的小猫而连它近来也令你感到失望，仍然不要放弃希望。

如果读完这本书后，你感到东西太多，一下子不知从何着手，那我建议你采取下述方法：快速翻阅每一章，找到各章的要点，或扪心自问：“哪个坐标对我来说建立起来最困难？”然后，选择其中两三个方面作为主攻目标（不要一下选很多，恨不得一口吃成胖子）。把它们写下来放在自己能够经常看到的地方，每天激励自己，不要再犯错误。

你会惊奇地发现，这一切会带来一些小小的变化。渐渐地，你的自信在增加，你会感到更快乐；会“自然而然地”进步，你的目标也会变为现实，你感觉心里很踏实。

如果某个坐标或观念真的令你印象深刻，比如“管理原则”或“个

人技能”，要想把它消化吸收并融于自我意识之中，最好的方法是，当它还保持新鲜感时讲给别人听，用你自己的例子和语言说服他们。谁知道呢？说不定他们真的被你说动了，愿意与你共同努力。

如果你发现自己在退步或达不到要求，不要气馁。别忘了，正像飞机的航班一样，当一架飞机起飞时，都有一个航班计划。然而，在飞行途中，刮风、下雨、气流、交通堵塞、人为失误或其他因素都可能使飞机偏离航线。事实上，飞行途中90%的时间都在偏离航线，只不过飞行员通过观测仪表并保持与地面指挥塔联系，不断地校正小的偏离，才保证了飞机最终到达目的地。

如果你要不断地调整飞行计划，90%的时间都感觉好像要偏离航线……那又怎么样？只要你坚持原定计划，不断地做出小的调整，始终抱着希望，那么，最终就一定会到达目的地。

振作起来，这个世界是美好的，我们的人生是美好的。我记得《指环王》中的一个情节：当弗拉多和萨姆两人筋疲力竭，几乎失去希望时，他们之间有这样一段对话：

萨姆：弗拉多，这很像是一些故事，置身于一个充满黑暗和危险，有时你不知道也不想知道结局的故事里，这些已经到来的黑暗和危险才是至关重要的。因为结局究竟如何发生？世界如何会回到发生过如此多邪恶的从前？但是，阴影终将散去，新的一天终将到来。阳光照耀时，所有一切都已是发生在你身边的往事，即便你太渺小，还不能理解这些已经发生和即将发生的事情。

弗拉多，但是我认为我理解，我现在就知道。在这些故事中的人不是没有机会退缩，可是他们没有，他们还在继续前进。因为他们在坚守。

弗拉多：他们在坚守着什么呢？

萨姆：这个世界上毕竟是有些美好的东西的，它们值得我们为之奋斗。

我同意这种说法。这个世界有些美好的东西值得我们为之奋斗，我坚信你们就是好人，值得我们为你奋斗。我认为你们是有史以来最出色的一代青少年。

到这里，该是这本书和你说再见的时候了。感谢你一路和我同行，也祝贺你到达了终点。我只是想让你知道，我对你的未来充满信心，你一定能有所作为。永远记住，你的天赋不比任何人差。你没必要左顾右盼，力量与光明就在你自己的心中。

在停笔之前，我想用自己最喜爱的一句鲍勃·莫瓦德的名言作为结束语：

你无法坐在原地，却想在岁月的沙滩上留下你的足印。

而谁又愿在岁月的沙滩上只留下自己臀部的痕迹？

祝万事如意，再见！

不要放弃希望

如果读完这本书后，你感到东西太多，一下子不知从何着手，那我建议你尝试“幼童学步”的一些办法。快速翻阅每一章，扪心自问：“哪个坐标对我来说构建起来最困难？”

然后，选择其中一两个作为主攻目标，并把它们写在下面。

1. ______

2. ______

3. ______

现在，在这本书即将结束，而你的旅程即将开始的时候，写下你自己喜欢的名言作为结束语吧！